Beck-Rechtsberater

Wohnungseigentum in Frage und Antwort

dtv

Beck-Rechtsberater

Wohnungseigentum in Frage und Antwort

Erwerb · Finanzierung
Verwaltung · Verkauf

von
Dr. Ulrike Kirchhoff

Deutscher Taschenbuch Verlag

Im Internet:
dtv.de
beck.de

Originalausgabe
Deutscher Taschenbuch Verlag GmbH & Co. KG,
Friedrichstraße 1 a, 80801 München

Druck und Bindung: Druckerei C. H. Beck, Nördlingen
(Adresse der Druckerei: Wilhelmstraße 9, 80801 München)
Satz: ottomedien, Weiterstadt
Umschlaggestaltung: Agentur 42 (Fuhr & Partner), Mainz,
unter Verwendung eines Fotos mit freundlicher Genehmigung
von HotAdvertising, München, für Bauhaus München
ISBN 978-3-423-50651-9 (dtv)
ISBN 978-3-406-55403-2 (C. H. Beck)

Geleitwort

„Herr der eigenen vier Wände" zu sein – wie es das Bundesverfassungsgericht einmal formuliert hat – wird in Zeiten, in denen aufgrund des demografischen Wandels in unserer Gesellschaft immer weniger Verlass auf die gesetzliche Rentenversicherung ist, zunehmend wichtiger. Probleme mit Mietzahlungen häufen sich bei Mietern erfahrungsgemäß dann, wenn beim Eintritt in das Rentenalter die Einkünfte oftmals drastisch sinken, der bisherige Wohnstandard aber unverändert beibehalten werden soll. Wer frühzeitig vorgesorgt und eine Immobilie angeschafft hat, ist im Alter mit erheblich geringeren Wohnkosten belastet als Mieter einer vergleichbaren Immobilie. Allerdings können sich insbesondere in Ballungsgebieten mit hohen Grundstückspreisen nur noch wenige Bürger den Traum vom eigenen Haus im Grünen erfüllen. Viele wollen dies auch gar nicht und denken dabei an die oft arbeitsintensive Pflege des Gartens und der Außenanlagen, mühsames Treppensteigen, aber auch an hohe Energiepreise.

Diese Umstände haben in den letzten beiden Jahrzehnten dazu geführt, dass Eigentumswohnungen auf dem Wohnungsmarkt rasant an Bedeutung gewonnen haben – sowohl im Bereich der Selbstnutzung als auch auf dem Vermietungssektor. Große Wohnanlagen, wie z. B. in den 60er Jahren, oder Mietshäuser, die einem Eigentümer gehören, werden nur noch ganz vereinzelt gebaut. Im Gegenteil: Solche Immobilien werden zunehmend in Eigentumswohnungen umgewandelt und dann an verschiedene Erwerber veräußert. Damit entstehen nicht nur im Bereich des Neubaus, sondern auch im Wohnungsbestand immer mehr Eigentumswohnungen. Die Kehrseite der Medaille: Wo immer mehr Menschen auf immer engerem Raum leben, entstehen zwangsläufig Konflikte. Wer aber seine Rechte und auch seine Pflichten kennt, vermeidet unnötige Konfliktsituationen. Wer weiß, was bei Kauf, Finanzierung und Verkauf zu beachten ist, vermeidet unnötige Fehler. Hier leistet der neue Ratgeber wertvolle Hilfe. Er gibt praxisnah und verständlich Antworten auf alle wichtigen Fragen, mit denen Wohnungseigentümer vom Kauf bis zum

Verkauf ihrer Immobilie konfrontiert werden können. Häufig wird er Wohnungseigentümern den Gang zum Anwalt ersparen können.

Aber auch mit hochwertigen Ratgebern lassen sich nicht alle Probleme des Einzelfalls mit oft individuellen Besonderheiten lösen. Professionelle Hilfe bieten dann die Haus- und Grundbesitzervereine mit Geschäftsstellen in nahezu allen Städten und Gemeinden im Bundesgebiet. Gegen einen geringen Beitrag, meist unter € 100,– jährlich, können sich Wohnungseigentümer von den Vertragsanwälten der Vereine, immer häufiger Fachanwälte für Miet- und Wohnungseigentumsrecht, beraten lassen zu allen Fragen und bei allen Problemen, z. B. mit Mietern, der Hausverwaltung, dem Nachbarn, einem Handwerker oder dem Finanzamt. Die meisten Vereine bieten ihren Mitgliedern darüber hinaus auch Mustermietverträge und Musterschreiben, z. B. für Betriebskostenabrechnungen, Mieterhöhungen und Kündigungen.

Haus & Grund Bayern ist mit 110 Ortsvereinen und über 110.000 Mitgliedern der größte Landesverband, Haus + Grund München mit mehr als 22.000 Mitgliedern, über die ca. 400.000 Wohnungen in München und Umgebung organisiert sind, der größte örtliche Verein im Bundesgebiet. Alle örtlichen Vereine sind rechtlich und wirtschaftlich selbständig und über die jeweiligen Landesverbände in der Dachorganisation Haus & Grund Deutschland mit Sitz in Berlin zusammengeschlossen. Über diese Organisationsstruktur werden die Interessen der Mitglieder über die Stadtgrenzen hinaus auch landes- und bundesweit gegenüber den politischen Parteien und Gesetzgebungsorganen vertreten.

Rechtsanwalt Rudolf Stürzer
Vorsitzender Haus + Grund München

Vorwort

Kauf oder Bau von Wohnungseigentum ist derzeit eine der beliebtesten Formen, Immobilieneigentum zu bilden. Ohne Zweifel verbindet Wohnungseigentum die Vorteile des Einfamilienhauses mit denen der Mietwohnung: Sie erwerben Eigentum, investieren also in Ihr eigenes Vermögen, in Ihre Altersversorgung. Sie sind vor Mieterhöhungen geschützt und können über Ihr Eigentum verfügen. Gleichzeitig müssen Sie sich nur selten um die Verwaltung des Eigentums kümmern. Treppenreinigung, Gartenpflege, Instandhaltungsarbeiten und Ähnliches übernimmt meist die Hausverwaltung für Sie.

Doch – und hier setzt der Ratgeber an – Wohnungseigentum ist mit vielen Besonderheiten verbunden, die im Wohnungseigentumsgesetz ihren Niederschlag gefunden haben. In der Praxis ergeben sich daraus viele Fragen und Unklarheiten, immer wieder aber auch Fallstricke, die nicht selten zu Streitigkeiten innerhalb der Wohnungseigentümergemeinschaft führen. Immer wieder enden diese Streitigkeiten vor Gericht. Viele dieser Probleme ließen sich vermeiden, wenn die Grundregeln des Wohnungseigentumsgesetzes bekannt wären und danach gehandelt werden würde.

Aus dieser Praxis heraus ist der Ratgeber entstanden. Er erläutert die wesentlichen Fragen zum Wohnungseigentum, wie es entsteht, wie es verwaltet wird, wer die Entscheidungen trifft. Außerdem finden Sie stets Hinweise, was beachtet werden muss, wie beispielsweise Nebenkosten wie Abwasser oder die Kosten der Hausverwaltung verteilt werden müssen oder wann und wie die Anlage baulich verändert werden kann. Zahlreiche Querverweise erleichtern Ihnen die Orientierung und schaffen Zusammenhänge mit ähnlichen Fragestellungen.

Antwort gibt der Ratgeber auch darauf, worauf beim Kauf oder Bau von Immobilieneigentum geachtet werden sollte. Welche Unterlagen Sie unbedingt einsehen müssen oder worauf Sie bei der Lage der Wohnung achten müssen. Selbstverständlich erhalten Sie auch Tipps und Hinweise zur Finanzierung und – besonders wichtig, wenn Sie eine etwas ältere Eigentumswohnung erwerben wollen – ob und bei welchen Stellen Sie Fördermittel für Sanierungsmaßnahmen erhalten.

Das Wohnungseigentumsgesetz ist zum zweiten Mal seit seinem Entstehen vor 50 Jahren umfassend reformiert worden. Die Änderungen bringen gerade bei der Entscheidungsfindung der Wohnungseigentümer einige Erleichterungen mit sich. Der Ratgeber informiert Sie in den jeweiligen Kapiteln über die wichtigsten Änderungen – immer im Vergleich zur bisherigen Regelung.

München, im April 2007 Dr. Ulrike Kirchhoff

Inhaltsverzeichnis

I. Erwerb der Eigentumswohnung

1. Der Eigentümer ist der Bauherr

Bauherr oder Bauherrengemeinschaft?

Selten finden sich mehrere Interessenten an Eigentumswohnungen, um gemeinsam eine Wohnungseigentumsanlage zu errichten. Im weitaus häufigeren Fall errichtet ein **Bauherr**, der bereits über ein Grundstück verfügt, eine solche Anlage, in der er eine Wohnung selbst nutzen und die anderen Wohnungen verkaufen will. Dazu teilt er seine Immobilie mittels einer Teilungserklärung (vgl. S. 21) in Wohnungseigentum.

In der **Bauherrengemeinschaft** dagegen schließen sich mehrere Personen zusammen, die gemeinsam eine Eigentumswohnanlage errichten wollen. Dazu erwerben sie gemeinsam ein Grundstück und werden Miteigentümer an diesem Grundstück. Sind sie bereits Miteigentümer eines Grundstücks, z. B. wenn das Grundstück auf eine Erbengemeinschaft übergegangen ist, muss das Grundstück zunächst in sog. Bruchteilseigentum unterteilt werden. Auf dieser Basis können die Miteigentümer einen gegenseitigen Vertrag, die sog. Teilungsvereinbarung (vgl. S. 3), schließen, in dem sie sich gegenseitig Sondereigentum in einem noch zu errichtenden Gebäude einräumen. Die Bauherrengemeinschaft schließt anschließend die Verträge z. B. mit Bauunternehmern und Architekten, sie kann zudem einen Baubetreuer einschalten.

Wie wird aus einem Neubau Wohnungseigentum?

Gehört das Grundstück einem Alleineigentümer, bedarf er nicht der Mitwirkung anderer. Vielmehr teilt er mittels einer Teilungserklärung (vgl. S. 21) seine Immobilie – auch eine noch zu errichtende – in Teileigentum. Gegenüber dem Grundbuchamt kann der Alleineigentümer nun einseitig erklären, dass er sein Grundstück in Miteigentumsanteile unterteilt hat und dass mit jedem dieser Miteigentumsanteile Sondereigentum (vgl. S. 27) an bestimmten Räumen in dem bereits errichteten oder noch zu errichtenden Gebäude verbunden ist. Diese Erklärung kann ein Eigentümer abgeben, wenn das Gebäude bereits besteht oder wenn es noch errichtet werden soll (Vorratsteilung). Anschließend kann er das Sondereigentum zusammen mit dem Miteigentumsanteil an Interessenten veräußern. Ein solches Modell ist für den Bauherren durchaus interessant, denn er legt nicht nur den Inhalt der Teilungserklärung (vgl. S. 21), also die Zuordnung von Sonder- und Gemeinschaftseigentum, die Höhe der Miteigentumsanteile oder die Verteilung von Lasten, Kosten und Stimmrechten fest. Er kann die Teilungserklärung vielmehr so lange ohne Mitwirkung Dritter ändern, bis die erste Eigentumswohnung verkauft wurde (vgl. S. 21). Damit gestaltet er nicht nur die Immobilie nach seinen Wünschen, sondern auch die Regeln des zukünftigen gemeinschaftlichen Zusammenlebens. Diese Gestaltungsfreiheit wird begrenzt durch die gesetzlichen Vorgaben und endet spätestens dann, wenn durch eine eigenwillige Gestaltung die Verkäuflichkeit der Wohnungen gefährdet wird. Nicht zuletzt wegen dieser Gestaltungsmöglichkeiten sollte jeder Erwerber die Teilungserklärung oder den Teilungsvertrag sehr genau prüfen.

▸ Was ist eine werdende Wohnungseigentümergemeinschaft?

Voraussetzung, dass Wohnungs- bzw. Teileigentum entstehen kann, ist der Abschluss eines Teilungsvertrages bzw. die Abgabe der Teilungserklärung eines Grundstückseigentümers und die Eintragung im Wohnungs- bzw. Teileigentumsgrundbuch (vgl. S. 8). Doch die Eigentümergemeinschaft entsteht erst, wenn das Sondereigentum auf mindestens zwei Eigentümer verteilt wurde. Wird Wohnungseigentum durch einen Teilungsvertrag begründet, ist das unproblematisch. Denn ein Teilungsvertrag wird zwischen mehreren Vertragsparteien geschlossen, denen der Vertrag i. d. R. das jeweilige Sondereigentum zuweist. Wird Wohnungseigentum jedoch durch eine Teilungserklärung geschaffen, ist der aufteilende Eigentümer zunächst in allen Wohnungsgrundbüchern (vgl. S. 8) als Eigentümer eingetragen, so dass eine *Gemeinschaft* noch nicht existiert. Erst wenn zumindest eine Wohnung verkauft und der Eigentumsübergang im Grundbuch eingetragen wurde, entsteht die Eigentümergemeinschaft. Wird Wohnungseigentum durch Bauträger (vgl. S. 6) begründet, wird der Eigentumsübergang i. d. R. erst nach Leistung der Abschlusszahlungen durch die Käufer im Grundbuch eingetragen. Gewöhnlich nutzen die meisten der zukünftigen Eigentümer das Sondereigentum zu diesem Zeitpunkt bereits – sie bilden eine „werdende Eigentümergemeinschaft" – und benötigen Regeln für ihr Zusammenleben. Daher werden die Bestimmungen des Wohnungseigentumsgesetzes bereits auf die „werdende Gemeinschaft" angewandt, sobald im Grundbuch die Auflassungsvormerkung eingetragen worden und Nutzen und Lasten auf die Erwerber übergegangen ist. Diese rechtliche Konstruktion endet mit der ersten Umschreibung im Grundbuch.

▶ Und wenn das Grundstück bereits mehreren Eigentümern gehört?

Gehört ein Grundstück mehreren Eigentümern – z. B. bei Ehepaaren oder Erbengemeinschaften –, können sie ihr Grundstück in sog. Bruchteilseigentum überführen. Anschließend können die Miteigentümer einen **notariellen Vertrag** – den Teilungsvertrag – schließen und sich gegenseitig Sondereigentum (vgl. S. 27) einräumen. Das Sondereigentum muss *zwingend* mit einem Miteigentumsanteil (vgl. S. 21) verbunden sein. Mit einem Miteigentumsanteil können auch mehrere im Sondereigentum stehende Wohnungen verbunden sein. Der Einräumungsvertrag muss notariell beglaubigt und anschließend im Grundbuch eingetragen werden. Dazu bedarf es eines Antrags beim Grundbuchamt, dem die Eintragungsbewilligung aller Miteigentümer sowie der Aufteilungsplan und die Abgeschlossenheitsbescheinigung beigefügt sein muss.

Der Einräumungs- oder Teilungsvertrag kann geschlossen werden, ohne dass gleichzeitig über die Gemeinschaftsordnung (vgl. S. 24) beschlossen wird. In diesen Fällen greifen die gesetzlichen Regelungen. Dennoch hat der Einräumungsvertrag bereits erhebliche **Auswirkungen**, denn er regelt ebenso wie die Teilungserklärung (vgl. S. 21) die sachenrechtlichen Fragen der Wohnungseigentümergemeinschaft, grenzt also z. B. Sonder- und Gemeinschaftseigentum gegeneinander ab. Der Vertrag legt auch die Höhe der Miteigentumsanteile und das dazugehörige Sondereigentum fest. Damit ist auch die wesentliche Entscheidung über die Verteilung der Lasten und Kosten (vgl. S. 98) sowie der Stimmrechte (vgl. S. 67) gefallen. Die Höhe der Miteigentumsanteile kann zu einem späteren Zeitpunkt neu geregelt werden, dies bedarf jedoch einer Auflassung und Eintragung im Grundbuch (vgl. S. 8). Verschiedene Teilungsverträge regeln bereits Gebrauchs- und Nutzungsrechte am Sonder- und Gemeinschaftseigentum (vgl. S. 135 ff.). Die im Einräumungsvertrag vorgesehenen Regelungen sollten also bei einem Erwerb genau geprüft werden.

▸ Worauf muss bei der Auswahl des Grundstücks geachtet werden?

Das primäre Kriterium für die Auswahl eines Grundstücks ist die **Lage des Grundstücks**: die Nähe von Schulen, Kindergärten, Einkaufsmöglichkeiten, Ärzten, Krankenhäusern und anderen Infrastruktureinrichtungen. Aber auch öffentliche Verkehrsmittel und Autobahnen spielen eine wichtige Rolle, denn sie ermöglichen den Anschluss zu den nächst größeren Städten – und damit zu Arbeitsmöglichkeiten, kulturellen Einrichtungen und vielem mehr. Sie können aber auch zu Lärmbelastungen führen, wenn das Grundstück zu nahe an öffentlichen Verkehrsmitteln oder stark befahrenen Straßen liegt. Diese und ähnliche Kriterien sind nicht nur für das eigene Wohlbefinden von Bedeutung. Sie beeinflussen auch die spätere (Wieder-)Verkäuflichkeit der neu errichteten Eigentumswohnungen. Welche Faktoren besonders wichtig oder zu vernachlässigen sind, muss jeder Bauherr für sich entscheiden.

Für das Grundstück selbst muss die gewünschte **Bebauung zulässig** sein. Die Bebauung ist oft durch Vorgaben im Bebauungsplan eingeschränkt, der daraufhin eingesehen werden sollte. Inwieweit umfangreichere Bebauungen oder spätere Erweiterungen nach Antrag genehmigt werden können, muss auf jeden Fall vorab geprüft werden. Doch erhöhen solche Ausnahmegenehmigungen natürlich die **Baukosten**. Für die Höhe der Baukosten ist zudem entscheidend, ob das Grundstück bereits erschlossen ist oder ob die Erschließungskosten – z. B. für Wasser- und Abwasseranschlüsse, Strom, Straßen u. ä. – zusätzlich anfallen. Denn diese Kosten würden das Budget noch einmal erheblich belasten.

Bestehen bei einem Neubau der Wohnungsanlage Besonderheiten?

Ist das Grundstück vorhanden, kann der Bauherr den Bau entweder in eigener Regie erstellen oder er beauftragt einen Generalunternehmer. Errichtet er seine Immobilie in **eigener Regie**, kann er Planung und Durchführung ganz oder teilweise an einen Architekt oder Bauingenieur übergeben und/oder in eigener Verantwortung Handwerker für die einzelnen Gewerke beauftragen. Allerdings obliegen Koordination und Überwachung dann seiner Verantwortung. Selbstverständlich kann der Bauherr auch einzelne Leistungen in Eigenarbeit erbringen. Errichtet der spätere Wohnungseigentümer die Anlage selbst oder erwirbt er die Wohnung in diesem frühen Zeitpunkt, lässt sich die Aufteilung und Ausstattung der Wohnung i. d. R. noch nach seinen Wünschen beeinflussen.

Gerade beim Bau von Wohnungseigentumsanlagen beauftragt der Bauherr i. d. R. einen **Generalunternehmer**. Entweder führt der Generalunternehmer die Arbeiten selbst aus oder er vergibt die Gewerke an andere Unternehmer, z. B. an Dachdecker, Maler, Elektriker, Fensterbauer. Der Bauherr vereinbart mit dem Generalunternehmer, welche Leistungen zu erbringen sind. Der Vorteil dieses Modells liegt darin, dass ein Wechsel des Generalunternehmers unter Beachtung der vereinbarten Kündigungsfristen relativ leicht möglich ist, da das Grundstück dem Bauherrn gehört. Der Generalunternehmer überwacht zwar die Bauarbeiten, dennoch sollte jeder Bauherr und vor allem Bauherrengemeinschaften über eine zusätzliche Bauüberwachung durch einen externen Fachmann nachdenken. Denn eine solche Baubegleitung durch einen objektiven Experten kann dazu beitragen, Baumängel aufzudecken und zu vermeiden, und dem Bauherrn erheblichen Ärger ersparen. Geeignete Experten werden von den Interessenvertretungen der privaten Haus-, Wohnungs- und Grundeigentümer, aber auch von anderen Verbänden empfohlen.

Was verkauft der Generalübernehmer?

Der Generalübernehmer verkauft wie auch der Generalunternehmer die **Bauleistung**. Doch führt er die Bauleistungen gewöhnlich nicht selbst aus, sondern vergibt die Bauleistung an Dritte. Gleichzeitig **vermittelt** er jedoch das **Grundstück**, auf dem die Eigentumswohnungen errichtet werden sollen. Die Aufteilung des Grundstücks und der späteren Wohnanlage ist i. d. R. im Wege der Vorratsteilung schon vor Baubeginn erfolgt. Daher erwirbt der Käufer bereits einen Miteigentumsanteil und das Sondereigentum. Ein Wechsel des Unternehmers ist bei dieser Variante praktisch nicht mehr möglich, da Kaufvertrag und Generalübernehmervertrag miteinander verflochten sind. Sie können üblicherweise nur als Einheit angenommen oder abgelehnt werden.

Der **Generalübernehmervertrag** sieht fast immer vor, dass das Gebäude schlüsselfertig zu einem Festpreis übergeben wird. Vielfach sehen diese Verträge auch vor, dass regelmäßige Abschlagszahlungen unabhängig vom Baufortschritt zu leisten sind. Doch diese Varianten sind mit Vorsicht zu genießen, da die Käufer dabei häufig mit hohen Beträgen in Vorleistung treten. Im Konkursfall kann der Verlust des eingesetzten Kapitals drohen. Sinnvoll sind folglich Abschlagszahlungen nach Baufortschritt. Die Gewährleistungsfristen richten sich grundsätzlich nach dem BGB, so dass eine Frist von 5 Jahren gilt. Doch legen Generalübernehmerverträge häufig auch die sog. Verdingungsordnung für Bauleistungen Teil B (VOB/B) zugrunde, die neben anderen Vorschriften auch eine nur 2-jährige Gewährleistungsfrist enthält. Die längere Fünfjahresfrist nach BGB muss dann explizit vereinbart werden. Wurde die VOB/B nicht als Ganzes vereinbart, sondern vielmehr wichtige Bestandteile gestrichen oder ergänzt, oder verweist der Vertrag bezüglich der Verjährungsfristen nur auf die VOB/B, entfällt die zweijährige Verjährungsfrist. Denn die VOB/B dürfen nur als Ganzes vereinbart werden, folglich greift die Gewährleistungsfrist nach BGB automatisch. Da Mängel in Neubauten häufig erst nach 2 oder 3 Jahren, oft auch wesentlich später auftreten, sind die längeren Gewährleistungsfristen natürlich von Vorteil und sollten, wenn immer möglich, im Vertrag vereinbart werden.

▶ Welche Rolle spielt der Bauträger?

Meist werden neue Eigentumswohnungen von Bauträgern angeboten. Diese bieten Grundstück und Bauleistungen komplett an.

Dieses Modell ist für den Erwerber einer Eigentumswohnung bequem. Der Bauträger erbringt die Bauleistung i. d. R. schlüsselfertig zu einem festen Preis zu einem festgelegten Termin. Das Bauvorhaben wird von ihm konzipiert und auf eigene Rechnung in eigenem Namen realisiert. Ob der Bauträger weitere Unternehmen oder Handwerker einschaltet, spielt für den Erwerber zunächst keine Rolle. Denn erfüllen diese ihre Leistung nur mangelhaft, haftet dem Erwerber gegenüber der Bauträger. Und das nach Bürgerlichem Gesetzbuch fünf Jahre lang. Trotzdem sollte der Bauträger gut ausgesucht werden. Kann er nämlich seinen Verpflichtungen nicht mehr nachkommen, bleibt das Bauvorhaben stecken und je nach Bonität des Bauträgers kann das den Erwerber schnell viel Geld kosten. Entweder sollte also ein großer Bauträger mit gutem Ruf und guter Bonität gewählt oder eine Vertragserfüllungsgarantie vereinbart werden. Die Bonität eines Bauträgers kann nötigenfalls mit Hilfe des finanzierenden Kreditinstituts überprüft werden. Auch ein Gespräch mit früheren Käufern oder die Besichtigung weiter fortgeschrittener Objekte kann zusätzliche Informationen bringen.

Anstelle einer Festpreisvereinbarung sehen Bauträgerverträge oft eine **Schlussabrechnung** vor, nach der sich der endgültige Kaufpreis bestimmt. In diesem Fall sollte der Erwerber die Schlussabrechnung genau prüfen und sich – u. U. auch vertraglich – vorbehalten, auch in die Verträge zwischen dem Bauträger und Handwerkern bzw. anderen Unternehmen Einblick zu nehmen. Im Bauträgervertrag können gemäß Makler- und Bauträgerverordnung Abschlagszahlungen nach Baufortschritt vereinbart werden: nach Beginn der Erdarbeiten 30 % der Vertragssumme, 40 % (der restlichen 70 %) der Kaufsumme, wenn der Rohbau steht, und so weiter. Eine Staffel, die die Zahlungen nach hinten schiebt, ist für den Erwerber selbstverständlich sinnvoll. Nach den Vorschriften der Makler- und Bauträgerverordnung, die von Maklern, Darlehens- und Anlagevermittlern, Baubetreuern und eben auch Bauträgern beachtet werden muss, dürfen Abschlagszahlungen erst vom Bauträger angenommen werden, wenn die Baugenehmigung der Immobilie vorliegt, der Kaufvertrag rechtskräftig besteht, eine Auflassungsvormerkung ins Grundbuch eingetragen und der Käufer von evtl. noch bestehenden Grundpfandrechten am Grundstück freigestellt ist. Zwar kann auch vereinbart werden, dass der Kaufpreis unabhängig von diesen Voraussetzungen auch nach Baufortschritt gezahlt wird. Doch damit geht der Erwerber ein hohes Risiko ein, wenn der Bauträger in die Insolvenz gerät.

▸ Wird auch Wohnungseigentum im Grundbuch eingetragen?

Grundeigentum und Grundbuch gehören untrennbar zusammen. Das gilt auch für das Wohnungseigentum. Denn die Eintragung im Grundbuch bietet den Vertragsparteien beim Grundstückskauf, aber auch den Vertragspartnern der Grundstückseigentümer, wie z. B. den Banken oder Handwerkern, eine hohe Sicherheit. Zudem entsteht Wohnungseigentum erst, wenn sämtliche Miteigentumsanteile ins Grundbuch eingetragen sind. Damit die Gemeinschaft eingetragen werden kann, müssen alle Mitglieder der Gemeinschaft die Eintragung bewilligen. Dieser Eintragungsbewilligung muss der Aufteilungsplan (vgl. S. 26) und die Abgeschlossenheitsbescheinigung (vgl. S. 26) beigefügt sein.

▸ Was genau ist das Grundbuch?

Das Grundbuch ist ein öffentliches Register aller Grundstücke eines Grundbuchbezirks, der in der Regel dem Gemeindebezirk entspricht. Es wird in Loseblattform von den Grundbuchämtern geführt. Für jedes **Grundstück** wird ein **eigenes Grundbuchblatt** angelegt, in dem Informationen über die Eigentumsverhältnisse, wesentliche Rechte und Beschränkungen, wie etwa Vorkaufsrechte oder Wohnrechte, sowie Belastungen, wie z. B. Hypotheken, eingetragen sind.

Beim Wohnungseigentum legt das Grundbuchamt für jeden **Miteigentumsanteil** ein **eigenes Grundbuchblatt** an: ein sog. Wohnungsgrundbuchblatt im Fall des Sondereigentums an Wohnungen sowie ein Teileigentumsgrundbuchblatt im Fall des Sondereigentums an anderen Räumen. Lediglich bei sehr kleinen Gemeinschaften wird ein gemeinsames Grundbuchblatt angelegt. Das Grundbuchblatt des Grundstücks, auf dem das Wohnungseigentum errichtet wird, wird i. d. R. geschlossen.

Jedes Grundbuchblatt enthält im **Bestandsverzeichnis** den Miteigentumsanteil – ausgedrückt in einem zahlenmäßigen Bruchteilsanteil – sowie das dazugehörige Sondereigentum an bestimmten Räumen. Auch die Beschränkungen des Miteigentums sind verzeichnet, die durch das Sondereigentum der anderen Wohnungseigentümer bestehen. Bestehen Veräußerungsbeschränkungen, müssen sie als Inhalt des Sondereigentums ausdrücklich im Wohnungsgrundbuch – im Bestandsverzeichnis – eingetragen sein. Der oder die Eigentümer werden wie gewohnt in der ersten Abteilung des Grundbuchs ausgewiesen. Die **Grundakte**, die gewöhnlich für Grundstücke angelegt wird, muss bei Wohnungs- und Teileigentum für jedes Wohnungsgrundbuch eingetragen werden.

Auch für Wohnungseigentum werden **Lasten und Beschränkungen**, wie z. B. Wohnrechte, in **Abteilung II** eingetragen. Hypotheken, Grund- und Rentenschulden der einzelnen Wohnungseigentümer werden in **Abteilung III,** der Abteilung der **Grundpfandrechte**, des Wohnungsgrundbuchs eingetragen, und zwar in dem Wohnungsgrundbuch des Miteigentumsanteils, für den die Last entstanden ist. Ist das gesamte Grundstück belastet, beispielsweise weil eine Hypothek vor Entstehen der Eigentümergemeinschaft auf dem Grundstück lag oder ein Wegerecht gilt, muss diese Belastung in alle Wohnungsgrundbücher eingetragen werden.

2. Kauf neuer Eigentumswohnungen

▶ Was sollte bei der Auswahl der Eigentumswohnung beachtet werden?

Der Kauf einer Eigentumswohnung unterscheidet sich in vielerlei Hinsicht vom Erwerb eines Hauses. Doch eines ist in allen Fällen gleich: Jeder Erwerber sollte sich *vor* dem Kauf sehr gut überlegen, welche Kriterien seine **Wohnung** erfüllen soll. Gerade die Lage des Grundstücks (vgl. S. 4), also der Anschluss an öffentliche Verkehrsmittel, die Bebauungsdichte des Wohngebiets, evtl. angrenzende Gewerbeeinheiten, vorhandene Infrastruktur wie z. B. Schulen, Geschäfte, Ärzte, erhöhen nicht nur den eigenen Wohnkomfort, sondern sichern den Wert des Grundstücks auch in der Zukunft – oder eben nicht. Aber auch den individuellen Platzbedarf – Quadratmeter und Zimmer – oder die Frage einer Gartennutzung und Ähnliches sollte jeder Kaufwillige vor dem Kauf für sich klären. Besichtigungen neuer Eigentumswohnungen sind i. d. R. (noch) nicht möglich. Denn i. A. existieren die Wohnungen erst auf dem Papier in Form von Bauzeichnungen und Prospekten. Nur das Grundstück ist schon vorhanden. Alle anderen Informationen muss sich der Interessent vom Bauherrn erfragen.

Jeder Interessent sollte sich das **Grundstück** und die **Umgebung** genau ansehen. So sehen am Hang gebaute Wohnanlagen zwar sehr attraktiv aus, aber wie ist z. B. die Souterrainwohnung gelegen: Ist der Hang direkt vor dem Fenster oder ist noch genügend Abstand? Wie ist der Abstand zum Nachbarn? Auf diese und ähnliche Aspekte hin sollte sich jeder Interessent die Zeichnungen genau ansehen, im Zweifel nachfragen und sich die Antworten schriftlich geben lassen. Zusätzlich sollte bei Eigentumswohnungen noch berücksichtigt werden, wo die Wohnung innerhalb des Gebäudes liegt: 5. Stock ohne Aufzug? Nähe zu Müllschluckern? Nähe zu Fahrstuhlanlagen, gewerblich genutzten Räumen, zu einem Spielplatz oder zu gemeinschaftlich genutzten Grünflächen? Auch scheinbare Kleinigkeiten sollten berücksichtigt werden, denn ein Baum vor dem Fenster, der viel Helligkeit schluckt, kann i. d. R. nur mit Zustimmung der Eigentümergemeinschaft gefällt werden. Soll an einer Terrasse ein Windschutz angebracht werden, kann die Zustimmung der Eigentümergemeinschaft notwendig werden. Befindet sich in der Anlage Teileigentum, sollte geprüft werden, welche Nutzungen zulässig sind. Denn von einer Büronutzung oder von einem kleinen Ladengeschäft mögen keine nennenswerten Störungen ausgehen, das kann jedoch anders aussehen, wenn ein Inhaberwechsel stattfindet und ein größerer Publikumsverkehr entsteht, wie z. B. bei einer (zulässigen) Nutzung als Café oder Bar. Der Erwerb einer Eigentumswohnung – auch vor Baubeginn – sollte also gründlich vorbereitet werden.

▶ Welche Bauunterlagen sollten auf jeden Fall eingesehen werden?

Gerade beim Erwerb neuer Eigentumswohnungen sollte der Käufer darauf achten, möglichst detaillierte Unterlagen zu bekommen, um seine Entscheidung zu treffen. Dazu gehören insbesondere die Baubeschreibung und die Planunterlagen. Zu den Planunterlagen sollten Vermessungs- bzw. Lagepläne und die Baupläne gehören. Aus der Baubeschreibung müssen detailliert alle Leistungen hervorgehen, also auch die Art der Innenausstattung, wie z. B. Fliesen, Badkeramik, Ausstattung mit Parkett oder Teppichboden. Auch die Baubeschreibung sollte auf Stimmigkeit geprüft werden, etwa ob angesetzte Preise für Fliesen, Bodenbelag und sanitäre Einrichtungen realistisch sind. Die Baubeschreibung sollte sich natürlich in der Planung widerspiegeln. Vorab sollte der Interessent auch abklären, ob Sonderwünsche ohne Aufpreis verwirklicht werden können, ob Zusatzleistungen – auch mit Aufpreis – möglich sind und ob und wie möglicherweise noch in die Gestaltung des Gebäudes eingegriffen werden kann. Diese Unterlagen sollten auf jeden Fall als Anlage dem Vertrag beigefügt, somit Vertragsbestandteil und mit beurkundet werden. Diese Vorbereitungen sind sicher zeitintensiv. Doch was nicht Bestandteil der Baubeschreibung und der Planung ist, muss der Bauträger im Zweifel auch nicht bauen.

▶ Welche Informationen werden über die Eigentümergemeinschaft benötigt werden?

Auch oder gerade wenn die Eigentümergemeinschaft erst entstanden ist, sollte sich jeder spätere Miteigentümer sehr genau über die **Verhältnisse innerhalb** der **Gemeinschaft** informieren. Denn Teilungserklärung (vgl. S. 21) und Gemeinschaftsordnung (vgl. S. 24) entscheiden darüber, welche Rechte und Pflichten dem einzelnen Wohnungseigentümer zustehen, aber auch welche Kosten auf ihn aus dem Gemeinschaftseigentum zukommen. Beide Regelwerke gelten auch gegenüber neuen Wohnungseigentümern. Der Käufer sollte zudem prüfen, ob sich der Verkäufer vorbehalten hat, die Teilungserklärung und Gemeinschaftsordnung noch zu ändern.

Die **Teilungserklärung** (vgl. S. 21) ist das Herzstück einer Wohnungseigentümergemeinschaft. Daher müssen die Angaben des Kaufvertrages mit denen der Teilungserklärung übereinstimmen. Die Bezeichnung der Wohnung muss folglich in Kaufvertrag und Teilungserklärung ebenso übereinstimmen wie die Bezeichnung der dazu gehörigen Nebenräume, Garagen oder Stellplätze sowie Sondernutzungsrechte. Auch wenn Nebenräume oder Sondernutzungsrechte (vgl. S. 139) im Kaufvertrag mit erworben wurden, fehlt dem Erwerber später ein Anspruch gegen die anderen Wohnungseigentümer, wenn die Angaben im Kaufvertrag nicht mit denen der Teilungserklärung übereinstimmen. In diesem Fall bestehen zwar Schadenersatzansprüche gegenüber dem Verkäufer, aber der Ärger ist vorprogrammiert. Ebenso muss die Teilungserklärung mit dem Aufteilungsplan (vgl. S. 26) übereinstimmen, der der Teilungserklärung i. d. R. beigefügt ist.

Eingesehen werden sollte auch die **Gemeinschaftsordnung**, denn sie regelt die Beziehung der Miteigentümer untereinander. Insbesondere die Verteilung der Stimmrechte (vgl. S. 67) und die Regelung der Kostenverteilung (vgl. S. 99), aber auch Regelungen zur Hausordnung wie beispielsweise zur Tierhaltung, sollten noch vor Abschluss des Kaufvertrags geprüft werden.

Ebenso wichtig ist die Frage, ob bei noch in Bau befindlichen Anlagen dem Bauträger die Möglichkeit eingeräumt wurde, scheinbar kleinere **bauliche Änderungen während der Bauphase** ohne weitere Rücksprache vorzunehmen. Unzulässig sind solche Vollmachten in Formularverträgen, wenn der Erwerber unzumutbar beeinträchtigt wird, etwa wenn Lage, Größe oder Umfang des Sondereigentums noch nachträglich geändert werden.

Sieht die Gemeinschaftsordnung bereits den **ersten Verwalter** vor, sollte es sich um versierte und fachlich anerkannte Verwalter handeln. In diesem Fall ist eine Bestellung nach der WEG-Reform nur noch für drei Jahre zulässig. Teilungserklärung und Gemeinschaftsordnung können grundsätzlich gemäß den Vereinbarungen und Beschlüssen der Wohnungseigentümerversammlung geändert werden (vgl. S. 61 ff.). Beide Regelwerke sollten daher vor dem Kauf der Wohnung genau gelesen werden. Da Änderungen der Teilungserklärung und Gemeinschaftsordnung im Grundbuch eingetragen werden müssen, kann anhand des Grundbucheintrags überprüft werden, ob die Unterlagen aktuell sind.

▶ Was regelt der Kaufvertrag?

Wie jeder andere Kaufvertrag über Immobilien, muss der Kaufvertrag über eine Eigentumswohnung immer notariell beurkundet werden. Der Kaufvertrag muss die zu erwerbende Wohnung genau bezeichnen und alle Nebenräume, Garagen, Stellplätze, Sondernutzungsrechte (vgl. S. 139) exakt beschreiben. Diese Beschreibung muss mit der Teilungserklärung (vgl. S. 21) übereinstimmen, damit das Sondereigentum an der Wohnung, aber auch das Sondereigentum an Nebenräumen und an Einrichtungen der Gemeinschaft wirksam erworben werden kann. Der Aufteilungsplan (vgl. S. 26) muss mit den Angaben im Kaufvertrag – und natürlich in der Teilungserklärung – übereinstimmen. Auf beide Dokumente wird im Kaufvertrag verwiesen, sie sollten ihm beigefügt sein. Beim Kauf von Neubauwohnungen sollten auch Vermessungs- und Lagepläne, Baupläne und Baubeschreibungen Bestandteil des Kaufvertrages sein und ihm beigefügt werden. Darüber hinaus fixiert der Kaufvertrag den Kaufpreis und legt den Zahlungstermin fest. Doch sollte die Zahlung erst fällig werden, wenn das Eigentum auf den Käufer übergegangen ist bzw. die Auflassungsvormerkung – also eine Vormerkung des Eigentumsübergangs – eingetragen wurde. Wird die Wohnung von einem Bauträger erworben (vgl. S. 6) und befindet sie sich noch in Planung oder Bau, greift die Makler- und Bauträgerverordnung, so dass die erste Zahlung erst erfolgen darf, wenn der Kaufvertrag geschlossen, die Auflassungsvormerkung eingetragen, die Baugenehmigung erteilt und die Begründung des Wohnungseigentums im Grundbuch eingetragen wurde. Ist das Grundstück noch mit Grundschulden oder Hypotheken belastet, müssen Löschungsbewilligungen vorliegen, wenn der Käufer diese Belastungen nicht übernehmen will oder soll. Auch sonstige Zusagen des Verkäufers sollten unbedingt mit in den Vertrag aufgenommen werden.

▶ Welche Kosten entstehen beim Kauf neuer Eigentumswohnungen?

Die Kosten des Erwerbs sollten möglichst genau kalkuliert werden, damit die Finanzierung (vgl. S. 41 ff.) entsprechend geplant werden kann. Den größten Anteil an den Erwerbskosten stellt der Kaufpreis. Ob der Preis angemessen ist, muss letztlich jeder Käufer für sich entscheiden. Doch gibt es natürlich immer die Möglichkeit, mit Sachverständigen über den Neubau, seine Ausstattung und Lage, und letztlich über den Preis und seine Angemessenheit zu sprechen. Solche Gespräche bieten häufig gute Argumente, um mit dem Verkäufer noch einmal über den Kaufpreis zu verhandeln. Muss neben der Eigentumswohnung noch ein Stellplatz oder eine Garage erworben werden, müssen die Kosten in Anzeigen von Maklern oder Bauträgern angegeben werden. Nur in Anzeigen von Privatpersonen besteht Gestaltungsfreiheit.

Zusätzlich zum Kaufpreis der Wohnung fallen Notar- und Gerichtskosten an, z. B. für die Beurkundung des Kaufvertrages, die Grundschuldbestellung oder die Umschreibung des Eigentums. Diese Gebühren berechnen sich nach der Kostenordnung, i. d. R. müssen noch einmal rund 1–1,5 % des Kaufpreises gerechnet werden. Werden neue Eigentumswohnungen durch einen Makler angeboten, muss eine Maklerprovision gezahlt werden. Der Makler erhält eine ortsübliche Provision, die 3–6 % des Kaufpreises zzgl. Mehrwertsteuer beträgt.

Das Finanzamt erhält noch einmal rund 3,5 % Grunderwerbsteuer, die vom Wert der so genannten Gegenleistung berechnet wird, also Kaufpreis zzgl. sonstiger Leistungen. Während der Bauherr die Grunderwerbsteuer nur vom Kaufpreis des Grundstücks zu zahlen hat, wird beim Erwerb vom Bauträger die Grunderwerbsteuer auf den Kaufpreis von Grundstück und Immobilie fällig.

Damit müssen noch einmal rund 10 % des Kaufpreises an Kaufnebenkosten einkalkuliert werden. Doch sollte der Erwerber einer Eigentumswohnung nicht nur mit den Erwerbskosten rechnen. Denn bei Eigentumswohnungen muss Hausgeld (vgl. S. 98) bezahlt werden, das neben den üblichen Betriebskosten auch noch Pauschalen für die Instandhaltungsrückstellung (vgl. S. 127), Verwaltungskosten und Ähnliches enthält.

3. Kauf gebrauchter Eigentumswohnungen

▶ Wie findet der Kaufinteressent seine neue Wohnung?

Dem Erwerber gebrauchter Eigentumswohnungen stehen verschiedene Wege offen, eine geeignete Wohnung zu finden. Er kann sie direkt vom bisherigen Eigentümer erwerben. Informationen darüber finden sich in Tageszeitungen und Anzeigenblättern, jedoch verstärkt auch auf den verschiedensten Internetplattformen. Weitaus bequemer – dafür jedoch auch teurer, ist der Erwerb mit Hilfe eines Maklers. Üblicherweise wird der Makler vom Verkaufswilligen beauftragt, einen Käufer für das Objekt zu finden. Doch auch der Interessent kann einen Makler beauftragen, ein geeignetes Objekt zu suchen. Je genauer der Kaufinteressent dem Makler seine Vorstellungen vermittelt, desto größer ist die Chance, dass die angebotene Immobilie seinen Vorstellungen entspricht. Doch kostenlos ist dieser Service natürlich nicht. Denn für seine Tätigkeit kann der Makler die Maklerprovision von rund 3–6 % vom Kaufpreis zzgl. MwSt. verlangen. Meist trägt der Käufer diese Kosten.

▸ Was sollte bei der Auswahl einer gebrauchten Eigentumswohnung beachtet werden?

Grundsätzlich müssen bei „gebrauchten" Eigentumswohnungen die gleichen Kriterien beachtet werden wie bei Neubauwohnungen. Doch ist der Erwerber nicht auf Beschreibungen und Pläne angewiesen, sondern kann das **Gebäude** und seine Lage sowie die Wohnung und ihre Ausstattung unmittelbar **besichtigen**. Von dieser Möglichkeit sollte auf jeden Fall, auch wenn die Wohnung vermietet ist, Gebrauch gemacht werden.

Bestandswohnungen können in der Regel **preisgünstiger** erworben werden als Neubauwohnungen. Mit zunehmendem Alter der Gebrauchtwohnung entspricht meist auch der **bauliche Zustand** nicht mehr dem aktuellen Standard. Häufig wurden bereits Sanierungsmaßnahmen an der Wohnung, aber auch an der Anlage vorgenommen bzw. müssen vorgenommen werden. Ob solche Maßnahmen bereits durchgeführt wurden und welche Maßnahmen in Zukunft notwendig sind, sollte daher vor dem Kauf geklärt werden. Explizit sollte der Erwerber zumindest das Alter der Heizungsanlage und der Elektro- und Wasserleitungen erfragen. Auch über das Ob und Wie der Gebäudedämmung, den Zustand von Fassaden, Dach, Fenstern und Balkonen sollte sich jeder Kaufinteressent informieren. Besser als jede Information ist es selbstverständlich, sich das Gebäude – auch in Begleitung eines Sachverständigen – genau anzusehen. Dabei können Sachverständige den Kaufinteressenten unterstützen, da viele Mängel für den Laien nicht oder zumindest nicht sofort ersichtlich sind und Experten viele Schwachstellen älterer Immobilie bereits kennen und somit leichter und schneller feststellen können. Solche Schwachstellen bieten häufig eine gute Gelegenheit, um erneut über den Preis zu handeln. Auch vermehrte, länger andauernde Leerstände in einer Anlage können zu Preisverhandlungen genutzt werden, denn sie deuten auf verdeckte Mängel oder ein Überangebot von Wohnungen in der Gegend hin.

Das Alter, die Ausstattung, aber auch mögliche Mängel beeinflussen selbstverständlich den Preis der Immobilie. Aber auch der **Zustand** der **Wohnungsanlage** und die **Finanzlage** der **Gemeinschaft** muss in die Kaufentscheidung und in die Preisgestaltung einfließen. Stehen erhebliche Sanierungsmaßnahmen an, ohne dass die Gemeinschaft über eine ausreichende Instandhaltungsrückstellung (vgl. S. 127) verfügt, sollte dies den Kaufpreis mindern. Im Kaufvertrag kann der Verkäufer zusichern, dass ihm gravierende Mängel am gemeinschaftlichen Eigentum sowie im Sondereigentum nicht bekannt sind. Eine solche Vereinbarung ermöglicht dem Käufer u. U., Schadenersatzansprüche zu stellen.

Der Erwerber sollte auch prüfen, ob im **Grundbuch** (vgl. S. 8) Grundschulden oder Hypotheken (vgl. S. 52), unter Umständen jedoch auch andere Belastungen, wie z. B. Wohnrechte eingetragen sind. Sollen diese Belastungen nicht übernommen werden, muss der Notar Löschungsbewilligungen einholen.

▶ Welche Unterlagen sollte der Käufer einsehen?

Der Käufer einer Gebrauchtwohnung sollte die **Teilungserklärung** (vgl. S. 21) und die **Gemeinschaftsordnung** (vgl. S. 24) einsehen. Doch trifft eine Eigentümergemeinschaft im Laufe ihres Bestehens viele Regelungen, die keinen Eingang in diese beiden Dokumente finden. Und die Beschlüsse (vgl. S. 72) der Gemeinschaft sind grundsätzlich auch für den Erwerber verbindlich. Zwar muss nach der Reform des Wohnungseigentumsgesetzes eine Beschluss-Sammlung (vgl. S. 76) geführt werden, doch gilt das lediglich für Beschlüsse, die nach Inkrafttreten der Reform gefasst wurden. Daher sollten zusätzlich auf jeden Fall die **Protokolle der Eigentümerversammlung** (vgl. S. 77) eingesehen werden. Aus den Protokollen erkennt der zukünftige Eigentümer beispielsweise auch, ob Vereinbarungen über bauliche Veränderungen oder Beschlüsse über Instandhaltungs- und Instandsetzungsmaßnahmen bzw. Modernisierungsmaßnahmen bestehen. Denn an den Kosten dieser Maßnahmen muss sich auch der Erwerber beteiligen, sie können schnell die geplante Finanzierung sprengen. Die Protokolle der Eigentümerversammlung bieten dem Interessent auch einen Eindruck, ob innerhalb der Wohnungseigentümergemeinschaft ein gutes Miteinander herrscht. Stetige Streitigkeiten der Eigentümer untereinander, häufige Auseinandersetzungen vor Gericht oder ständige Verwalterwechsel sollten zumindest zum Nachdenken animieren.

Die **Gemeinschaft** kann sich eine Hausordnung (vgl. S. 136) geben, die z. B. Ruhezeiten, sog. Sorgfalts- und Sicherheitspflichten wie Schließ- und Reinigungspflichten, aber auch Benutzungsregeln für Gemeinschaftsräume, Müllcontainer u. a. regelt. Zwar kann eine Hausordnung später auch geändert werden, doch werden dazu wieder Beschlüsse der Wohnungseigentümerversammlung benötigt. Daher ist es sinnvoll, sie vor dem Kauf einzusehen.

Auch in den **Verwaltervertrag** sollte Einsicht genommen werden. Denn der neue Eigentümer ist an die vertraglichen Vereinbarungen gebunden. Von Bedeutung sind insbesondere die Verwaltergebühren und die vereinbarten Sondervergütungen, aber eben auch die dagegenstehenden Leistungen.

Wie ist die finanzielle Lage der Eigentümergemeinschaft?

Über die Höhe des Hausgelds sollte sich jeder Kaufinteressent informieren. Denn das **Hausgeld** (vgl. S. 99) ist von jedem Mitglied der Eigentümergemeinschaft zu zahlen und belastet folglich die eigene Liquidität. Der Käufer einer älteren Eigentumswohnung sollte zudem die finanzielle Lage der Wohnungseigentümergemeinschaft prüfen. Besonderes Augenmerk ist dabei auf die **Instandhaltungsrückstellung** (vgl. S. 127) zu legen. Denn diese Rückstellung dient der Finanzierung der notwendigen Instandhaltungs- oder Instandsetzungsmaßnahmen des gemeinschaftlichen Eigentums. Können solche Maßnahmen nicht über die angesammelten finanziellen Mittel finanziert werden, drohen Sonderumlagen (vgl. S. 129). Zwar gehört es zur ordnungsgemäßen Verwaltung (vgl. S. 83), eine entsprechende Rückstellung zu bilden, doch ist sie häufig nicht oder nicht in ausreichender Höhe vorhanden. Die aktuelle Höhe ergibt sich aus der Jahresabrechnung.

Mögliche **Rückstände** anderer – auch ehemaliger – Mitglieder der Wohnungseigentümergemeinschaft belasten die finanzielle Situation der Eigentümergemeinschaft. Sie können beispielsweise aus rückständigen Hausgeldzahlungen oder noch nicht bezahlten Sonderumlagen resultieren. Zwar haftet der Erwerber von Wohnungseigentum in der Regel nicht für diese „Altlasten“, doch lässt eine solche angespannte Finanzsituation natürlich Rückschlüsse auf die Zukunft zu. Die Verbindlichkeiten müssen in der Jahresabrechnung (vgl. S. 97) ausgewiesen werden, sollten jedoch auch beim Verwalter hinterfragt werden. Nicht nur die Verbindlichkeiten der Gemeinschaft sollte der Erwerber erfragen. Unter Umständen kann in Teilungserklärung (vgl. S. 21) bzw. Gemeinschaftsordnung (vgl. S. 24) vereinbart worden sein, dass ein Erwerber für Beitragsrückstände des Veräußerers haftet (vgl. S. 159). Damit können erhebliche Zahlungsverpflichtungen auf den Erwerber zukommen. Ob eine solche Regelung besteht, sollte in Teilungserklärung bzw. Gemeinschaftsordnung und durch Nachfrage beim Verwalter geprüft werden.

▶ Was geschieht mit vermieteten Wohnungen?

Ist die zum Erwerb stehende Eigentumswohnung noch vermietet (vgl. S. 140), übernimmt der Käufer auch den Mietvertrag. Denn **Kauf bricht nicht Miete**. Soll die Wohnung selbst genutzt werden, kann der Käufer den Mietvertrag wegen Eigenbedarf kündigen. Diese Möglichkeit besteht auch, wenn nahe Angehörige einziehen sollen. Der Eigenbedarf muss jedoch nachweisbar sein und bereits im Kündigungsschreiben nachvollziehbar erläutert werden. Auch gelten die üblichen Kündigungsfristen, die für den Vermieter bei einer Mietdauer unter fünf Jahren drei Monate, bei mehr als fünf Jahren 6 Monate und bei mehr als 8 Jahren 9 Monate betragen. Eine mündliche Zusage des Verkäufers, dass der Mieter auszieht, reicht nicht. Möglich ist jedoch eine Vereinbarung im Kaufvertrag, dass die Wohnung geräumt übergeben wird; zieht der Mieter nicht aus, kann der Käufer aber auch damit nur Ansprüche gegen den Verkäufer geltend machen.

Welche Besonderheiten gelten beim Erwerb umgewandelter Wohnungen?

Werden Miethäuser in Wohnungseigentum umgewandelt, haben die Mieter der Wohnungen zunächst ein **gesetzliches Vorkaufsrecht**. Dieses Vorkaufsrecht entsteht, sobald sich der Kaufgegenstand, also die Eigentumswohnung und der Miteigentumsanteil, genau bestimmen lässt, dazu muss die Teilung noch nicht im Grundbuch eingetragen sein. Der Mieter muss nicht nur über den Kaufvertrag informiert werden, sondern kann auch den – fertig ausgehandelten – Kaufvertrag übernehmen. Der Mieter übt sein Vorkaufsrecht durch eine schriftliche Erklärung aus. Das Vorkaufsrecht gilt allerdings nur für den ersten Verkaufsfall nach der Umwandlung. Wird die Wohnung zu einem späteren Zeitpunkt erneut verkauft, kann der Mieter das Vorkaufsrecht nicht mehr ausüben.

Dem Mieter umgewandelter Eigentumswohnungen steht ein **spezieller Kündigungsschutz** zu. Der Gesetzgeber hat eine Kündigungssperrfrist von drei Jahren festgelegt, die in Gebieten mit besonderem Wohnungsmangel durch die Länder auf bis zu 10 Jahre verlängert werden kann. Davon hat z. B. der bayerische Landesgesetzgeber für die Städte München, Bad Reichenhall oder Kempten Gebrauch gemacht. Soll die Wohnung selbst genutzt werden, bedeutet dies, dass schlimmstenfalls der Bezug der Wohnung erst nach Ablauf der Kündigungssperrfrist und der Kündigungsfrist möglich ist.

Und wenn ein Mieter eine umgewandelte Wohnung erwirbt?

Wenn der Mieter von seinem Vorkaufsrecht Gebrauch machen will, kennt er zwar seine Wohnung und das Gebäude. Dennoch sollte er die künftige Situation der Gemeinschaft möglichst genau prüfen. Dazu gehört zumindest die Einsicht in die **Teilungserklärung** (vgl. S. 21) und die **Gemeinschaftsordnung** (vgl. S. 24). Auch wenn ihm der bauliche Zustand der Immobilie i. d. R. recht gut bekannt ist, sollte er gemeinsam mit einem Sachverständigen das Gebäude noch einmal objektiv prüfen. Häufig werden Miethäuser umgewandelt, in denen ein erheblicher **Instandhaltungs- und Modernisierungsrückstau** besteht. Daher sollte auch ein Mieter, der sein Vorkaufsrecht ausübt, vom Verkäufer die Bildung einer ausreichenden

Instandhaltungsrückstellung verlangen, z. B. indem ein Teil des Kaufpreises in die Instandhaltungsrücklage einfließt. Werden Erklärungen des Verkäufers abgegeben, sollten diese bindend sein.

Können Eigentumswohnungen auch durch eine Zwangsversteigerung erworben werden?

Möglich ist auch der Erwerb im Zuge einer Zwangsversteigerung. Dieser Weg erlaubt so manches Schnäppchen. Doch muss die Kaufentscheidung schnell getroffen werden, denn die Termine werden nur rund 6–8 Wochen vor dem Versteigerungstermin veröffentlicht. Auch in speziellen Katalogen über Zwangsversteigerungen und im Internet kann jeder Interessierte Objekte und Termine feststellen. Informationen über das Objekt können grundsätzlich durch den zuständigen Rechtspfleger des Amtsgerichts, häufig jedoch auch durch die Kreditinstitute gewonnen werden, die die Zwangsversteigerung betreiben. Besichtigungen der Wohnung, insbesondere gemeinsam mit einem Sachverständigen, sind zwar meist nicht möglich. Doch die Wohnungsanlage und ihre Lage kann natürlich begutachtet werden.

Dennoch sollte sich der Erwerber über die Gemeinschaft, in die er sich durch den Zuschlag in der Zwangsversteigerung einkauft, möglichst eingehend informieren, z. B. durch Gespräche mit anderen Eigentümern, Mietern oder dem Verwalter. Denn die finanzielle Lage der Gemeinschaft ist entscheidend für die späteren finanziellen Verpflichtungen des Erwerbers. Sind etwa nicht ausreichend Instandhaltungsrückstellungen gebildet worden, muss auch der Erwerber mögliche Sonderumlagen (vgl. S. 129) zahlen.

Wird im Versteigerungsverfahren der Zuschlag erteilt, muss üblicherweise 10 % der Kaufsumme sofort – bar oder durch einen „Bankscheck" – hinterlegt werden. Mit dem Zuschlag wird der Erwerber Eigentümer. Von diesem Zeitpunkt an – also bereits vor der Umschreibung im Grundbuch – wird der Ersteher Mitglied der Wohnungseigentümergemeinschaft mit allen Rechten und Pflichten. Er hat z. B. sofort ein Stimmrecht in der Eigentümerversammlung (vgl. S. 67) – ausgewiesen durch den Zuschlagsbeschluss –, muss jedoch auch sofort Hausgeld (vgl. S. 98) zahlen und andere Verpflichtungen erfüllen. Wird die Eigentumswohnung noch bewohnt, hat der Erwerber ein Sonderkündigungsrecht gegenüber dem Mieter. Zieht ein selbst nutzender Eigentümer nicht freiwillig aus der Wohnung aus, kann der Ersteher aus dem Zuschlagsbeschluss heraus vollstrecken lassen, also die Zwangsvollstreckung auf Räumung und Herausgabe der Wohnung betreiben.

4. Teilungserklärung und Gemeinschaftsordnung

▶ Was ist die Teilungserklärung?

Unter dem Begriff Teilungserklärung wird zunächst die Teilungserklärung im eigentlichen oder engeren Sinne verstanden. Im weiteren Sinn bezeichnet der Begriff die Teilungserklärung mit der dazu gehörigen Gemeinschaftsordnung, die die Gebrauchs- und Nutzungsrechte der Eigentümer enthält.

Durch die Teilungserklärung im engeren Sinne wird – ebenso wie durch den Teilungsvertrag – Wohnungseigentum begründet. Mit dieser Erklärung teilt ein Eigentümer ein Grundstück in Miteigentumsanteile auf, so dass mit jedem Miteigentumsanteil gleichzeitig das Sondereigentum an einer Wohnung oder an anderen nicht zu Wohnzwecken bestimmten Räumen verbunden ist. Das Gebäude kann – muss aber nicht – bereits errichtet sein (Vorratsteilung). Die Erklärung wird in öffentlich beglaubigter Form gegenüber dem Grundbuchamt abgegeben. Die Teilungserklärung legt die einzelnen Miteigentumsanteile als Quote – i. d. R. als Tausendstel oder Zehntausendstel – fest und bezeichnet das Sondereigentum, das zu dem jeweiligen Miteigentumsanteil gehört.

▶ Kann die Teilungserklärung geändert werden?

Änderungen der Teilungserklärung sind durchaus möglich. Steht das Grundstück noch im Eigentum des teilenden Eigentümers, kann der Eigentümer jederzeit die Teilungserklärung ändern, also z. B. die Höhe der Miteigentumsanteile ändern oder Sondernutzungsrechte (vgl. S. 139) begründen. Diese Möglichkeit steht ihm auch zu, wenn er das zu begründende Wohnungseigentum verkaufen will. Nur die dinglichen Rechtsverhältnisse kann er nicht mehr ändern.

Ist die Eigentümergemeinschaft bereits entstanden, kann die Teilungserklärung nicht mehr so einfach geändert werden. Allerdings können die Wohnungseigentümer **Sondereigentum** in **Gemeinschaftseigentum** und umgekehrt umwandeln, wenn sie sich förmlich darüber einigen (Auflassung) und dies im Grundbuch eintragen lassen. Die Teilungserklärung kann zudem eine Klausel enthalten, dass Regelungen in der Teilungserklärung durch einen Mehrheitsbeschluss geändert werden können. Dafür muss aber ein sachlicher Grund vorliegen und durch die Änderung dürfen einzelne Eigentümer im Vergleich zum ursprünglichen Rechtszustand nicht unbillig benachteiligt werden. Doch trotz einer entsprechenden Klausel in der Teilungserklärung darf nicht der Gegenstand des Sondereigentums geändert werden, sondern lediglich sein Inhalt, also z. B. die Zustimmungsnotwendigkeit zum Verkauf des Sondereigentums. Ohne eine Änderungsklausel kann nur in außergewöhnlichen Fällen ein i. d. R. gerichtlich festzustellender Anspruch auf Änderung der Teilungserklärung bestehen, wenn die gewählten Regelungen sachlich nicht oder nicht mehr zu rechtfertigen sind. Dies wurde in Ausnahmefällen etwa für gewählte Verteilungsschlüssel entschieden, die zu einer unverhältnismäßigen Belastung des Eigentümers durch Instandsetzungsumlagen führte.

Durch die Reform des Wohnungseigentumsgesetzes bestehen zukünftig weitere Erleichterungen. So besteht ein **Anspruch** auf **Änderung** in den Fällen, in denen es aus schwerwiegenden Gründen und unter Berücksichtigung aller Umstände des Einzelfalls unbillig scheint, an den einmal getroffenen Vereinbarungen festzuhalten. Diese Ansprüche bestehen insbesondere bei Gebrauchsregelungen (vgl. S. 135), also z. B. einer Nutzungsbeschränkung eines Teileigentums als „Laden“, oder bei der Festlegung des Stimmrechts. Ein Anspruch auf Änderung der sachenrechtlichen Bestimmungen besteht weiterhin nicht.

▶ Was regelt die Teilungserklärung?

Die Teilungserklärung grenzt insbesondere Sonder- und Gemeinschaftseigentum voneinander ab und weist sie den Miteigentumsanteilen zu. Sie beschreibt die Lage, die Zahl und die Größe der Räume, die zum jeweiligen Sondereigentum, aber auch zum Gemeinschaftseigentum gehören. Neben dieser Zuordnung legt die

Teilungserklärung auch fest, welche Zweckbestimmung den gemeinschaftlichen Räumen, aber eben auch dem Sondereigentum zugewiesen wird. Die Zweckbestimmung kann sehr allgemein gehalten sein und lediglich nach Wohn- und Teileigentum unterscheiden (sog. Zweckbestimmung im weiteren Sinne) oder konkrete Zwecke vorsehen, wie z. B. eine Nutzung als Rechtsanwaltskanzlei, Lagerraum oder Ähnliches (Zweckbestimmung im engeren Sinne). Eine weite Zweckbestimmung bietet allen Beteiligten natürlich größere Spielräume als eine ganz konkrete Festlegung aller möglichen Nutzungen.

▶ Welche Bedeutung hat die Teilungserklärung?

Da die Teilungserklärung die **Miteigentumsanteile** festlegt, kommt ihr die Schlüsselrolle im Verhältnis zwischen den Eigentümern zu. Denn das Wohnungseigentumsgesetz sieht vor, dass Lasten und Kosten gemäß den Miteigentumsanteilen verteilt werden. Werden nun kleinen Wohnungen hohe Miteigentumsanteile zugeordnet, entfällt auf diese Wohnungen folgerichtig auch ein hoher Anteil der Lasten und Kosten bzw. umgekehrt (vgl. S. 98). Stimmrechte in der Wohnungseigentümerversammlung werden zwar gemäß Gesetz nach Köpfen verteilt, doch können Teilungserklärung bzw. Gemeinschaftsordnung ebenfalls vorsehen, dass die Stimmrechte nach Miteigentumsanteilen errechnet werden (vgl. S. 66). Auch hier können entsprechende Gestaltungen der Teilungserklärung Stimmrechte bei einzelnen Eigentümern bündeln. Da es keine gesetzlichen Vorschriften zur Berechnung der Miteigentumsanteile gibt, ist der teilende Eigentümer bei der Gestaltung frei. Jeder Erwerber sollte folglich die entsprechenden Vorgaben genau prüfen, um vor Überraschungen sicher zu sein.

Von grundsätzlicher Bedeutung ist auch die **Abgrenzung von Sonder- und Gemeinschaftseigentum** (vgl. S. 27 ff.). Um in der Praxis Probleme und Auseinandersetzungen zu vermeiden, beschränken sich viele Teilungserklärungen nicht darauf, nur auf die gesetzlichen Regelungen zu verweisen, sondern grenzen beides klar voneinander ab. Auf diese Weise lassen sich insbesondere bei der Verteilung der Instandhaltungs- und Instandsetzungskosten oder bei der Frage der Zulässigkeit von baulichen Änderungen Probleme vermeiden.

▶ Was ist die Gemeinschaftsordnung?

Den Begriff der Gemeinschaftsordnung verwendet der Gesetzgeber nicht. Doch wird diese Bezeichnung in der Praxis stets für die Regeln verwendet, die sich die Wohnungseigentümer für ihr gegenseitiges Miteinander geben. Die grundlegenden Regeln innerhalb der Wohnungseigentümergemeinschaft sind zwar durch das Wohnungseigentumsgesetz (WEG) und das BGB bestimmt. Doch von verschiedenen Vorschriften des WEG kann die Gemeinschaft abweichen, z. B. bei der Stimmrechtsverteilung. Andere Vorschriften kann sie ausfüllen bzw. durch eigene Regelungen konkretisieren. Dazu bedarf es einer Vereinbarung zwischen den Wohnungseigentümern, die in der Gemeinschaftsordnung niedergelegt wird, die wiederum als Bestandteil der Teilungserklärung im Grundbuch eingetragen ist. Wird die Gemeinschaftsordnung vom teilenden Eigentümer aufgestellt, muss ihr die spätere Wohnungseigentümergemeinschaft nur noch formlos zustimmen. Wurde das Wohnungseigentum dagegen durch Vertrag gegründet, stellen die Mitglieder der Gemeinschaft die Gemeinschaftsordnung auf, beschließen sie und bewilligen ihre Eintragung im Grundbuch.

Die Gemeinschaftsordnung kann von der Gemeinschaft auch nachträglich geändert werden, dazu bedarf es nach bisherigem Recht der Zustimmung aller eingetragenen Wohnungseigentümer. Nach der Reform des Wohnungseigentumsgesetzes bestehen jedoch unter bestimmten Bedingungen Erleichterungen bei der Durchsetzung von Änderungen (vgl. S. 71ff.). Verschiedene Regelungen, wie z. B. Veräußerungsbeschränkungen (vgl. S. 144) oder der Kostenverteilungsschlüssel (vgl. S. 99), können zukünftig durch einen Mehrheitsbeschluss geändert werden.

▶ Was kann die Gemeinschaftsordnung regeln?

Die Eigentümergemeinschaft bestimmt im Wesentlichen frei über den Inhalt der Gemeinschaftsordnung. In der Praxis finden sich in der Gemeinschaftsordnung z. B. **Verfügungsbeschränkungen** für das Eigentum, wenn bspw. der Verkauf oder die Vermietung des Wohnungseigentums von der Zustimmung des Verwalters oder der Miteigentümer abhängig gemacht wird (vgl. S. 144/141) oder die Eigentümer bestimmte **Gebrauchs-** und **Nutzungsbeschränkungen** (vgl. S. 137) vereinbaren. Dies ist besonders wichtig, wenn ein Erwerber seinen Beruf oder sein Gewerbe in seinem Wohn- oder auch Teileigentum ausüben will. Insbesondere in diesen Fällen sollte genau geprüft werden, ob die gewünschte Nutzung auch zulässig ist. Weitere Gebrauchsregeln können z. B. die Tierhaltung oder die Musizierzeiten einschränken oder Schließregelungen für Fenster und Türen festlegen. Diese Möglichkeit wird häufig genutzt, um bereits innerhalb der Teilungserklärung eine Hausordnung (vgl. S. 136) aufzustellen. Auch eine **Kostenverteilung**, die von den gesetzlichen Regelungen abweicht, oder eine geänderte Stimmrechtsverteilung kann in der Gemeinschaftsordnung niedergelegt werden.

Verschiedentlich sehen Gemeinschaftsordnungen auch vor, dass sich der Wohnungseigentümer der sofortigen Zwangsvollstreckung wegen fälliger, aber nicht geleisteter Beiträge unterwirft, dass Verzugszinsen auf Außenstände zu leisten sind und Ähnliches. Die Gemeinschaftsordnung kann zudem Regelungen über die Vollmachtserteilung und Vertretungsbefugnis der Wohnungseigentümer (vgl. S. 68) enthalten und die Regeln über Einberufung, Durchführung, Stimmrecht und Beschlussfassung in der Wohnungseigentümerversammlung (vgl. S. 61 ff.) festlegen.

▶ Wie wird die Gemeinschaftsordnung geändert?

Teilt ein Eigentümer sein Eigentum in Wohnungseigentum auf, kann er die Gemeinschaftsordnung ohne weiteres ändern, solange er alleiniger Eigentümer aller Sondereigentumseinheiten ist. Ist die Wohnungseigentümergemeinschaft noch im Entstehen, kann sich der Eigentümer durch eine entsprechende Regelung in der Teilungserklärung bzw. Gemeinschaftsordnung die Möglichkeit offenhalten, die Gemeinschaftsordnung zu ändern, bis die letzte Einheit verkauft wurde.

Ist die Eigentümergemeinschaft begründet, kann die Gemeinschaftsordnung grundsätzlich durch eine **Vereinbarung** der Eigentümer geändert werden. Eine solche Vereinbarung setzt die Zustimmung aller Wohnungseigentümer voraus, sie muss zudem im Grundbuch eingetragen werden, wenn sie auch gegen sog. Sonderrechtsnachfolger, also spätere Käufer des Wohnungseigentums, gelten soll. Die Gemeinschaftsordnung kann jedoch auch regeln, dass sie durch mehrheitlich getroffene Beschlüsse der Gemeinschaft geändert werden kann. Doch diese Erleichterung trifft nicht die essentiellen Grundsätze des gemeinschaftlichen Zusammenlebens. So kann die Gemeinschaft beispielsweise nicht beschließen, dass Wohnungseigentümer keine gerichtliche Entscheidung über ihre Rechte und Pflichten herbeiführen dürfen. Ein solcher gesetzesändernder Beschluss (vgl. S. 73) wäre trotz einer Öffnungsklausel in der Gemeinschaftsordnung nichtig.

Nach der Reform des Wohnungseigentumsgesetzes können **Änderungen** der Gemeinschaftsordnung unter bestimmten Bedingungen **einfacher** durchgeführt werden als bisher. Verschiedene Regelungen, wie z. B. Veräußerungsbeschränkungen (vgl. S. 144) oder der Kostenverteilungsschlüssel (vgl. S. 99), können zukünftig durch einen Mehrheitsbeschluss geändert werden.

▸ Was ist der Aufteilungsplan?

Der Aufteilungsplan ist eine Bauzeichnung, in der festgelegt wird, welche Räume im gemeinschaftlichen Eigentum stehen und wie sie zum Sondereigentum abgegrenzt sind. Zudem weist der Aufteilungsplan auch aus, welche Räume im Sondereigentum zueinandergehören. Der Aufteilungsplan muss dem tatsächlichen Bauzustand entsprechen, lediglich Abweichungen innerhalb der Aufteilung eines Sondereigentums können vernachlässigt werden. Der Aufteilungsplan muss zudem mit der Teilungserklärung übereinstimmen. Widersprechen sie sich, ist kein Sondereigentum entstanden, die Räume oder Einrichtungen verbleiben im gemeinschaftlichen Eigentum. Der Aufteilungsplan gehört als Anlage zur Teilungserklärung und wird in die Grundakten des Wohnungsgrundbuchs aufgenommen.

▸ Was ist die Abgeschlossenheitsbescheinigung?

Die Abgeschlossenheitsbescheinigung dient als Nachweis der Abgeschlossenheit von Sondereigentum, also von Wohnungs- oder Teileigentum. Denn Wohnungs- oder auch Teileigentum kann nur begründet werden, wenn die betreffenden Räume in sich abgeschlossen und in dieser Form funktionsfähig sind. Abgeschlossen sind Räume, wenn sie durch Wände oder Decken vollkommen von anderen Wohnungen bzw. Räumen abgegrenzt sind, und wenn sie innerhalb dieser Räume über eine Wasserver- und Entsorgung sowie ein WC und eine Küche oder Kochnische verfügen. Von diesen Räumen aus muss ein eigener direkter und abschließbarer Zugang ins Freie oder in gemeinschaftliche Räume bestehen. Die Abgeschlossenheitsbescheinigung muss vorliegen, damit Wohnungseigentum eingetragen werden kann. Sie wurde nach bisherigem Recht von der Bauaufsichtsbehörde anhand des Aufteilungsplans (vgl. S. 26) erteilt. Nach der WEG-Reform können die Länder diese Aufgabe nun durch eine Rechtsverordnung einem öffentlich bestellten oder anerkannten Sachverständigen für das Bauwesen zuweisen. Stimmt der Aufteilungsplan nicht mit den tatsächlichen baulichen Verhältnissen überein, kann die Ausstellung der Abgeschlossenheitsbescheinigung verweigert werden.

5. Sondereigentum und Gemeinschaftseigentum

▶ Was erwirbt ein Wohnungseigentümer?

Der Erwerber einer Eigentumswohnung erwirbt viel mehr als „nur“ eine Wohnung. Er erwirbt vielmehr das Sondereigentum an einer Wohnung, das unlöslich verbunden ist mit dem sogenannten Miteigentumsanteil am gemeinschaftlichen Eigentum. Daher gehören zu der Eigentumswohnung, also zu den Räumen, die Wohnzwecken dienen, auch der Miteigentumsanteil am Grundstück, an Gemeinschaftsflächen, wie bspw. den Hausfluren, an gemeinschaftlichen Einrichtungen, wie z. B. der Sauna u. ä. Auch Räume, die nicht Wohnzwecken, sondern etwa gewerblichen Zwecken dienen, können als Sondereigentum erworben werden. Zur Abgrenzung vom Wohnungseigentum wird hier vom sog. Teileigentum gesprochen. Selbstverständlich gehört zum Teileigentum auch der Miteigentumsanteil am gemeinschaftlichen Eigentum.

▶ Wo lässt sich diese Aufteilung einsehen?

Bereits die Teilungserklärung (vgl. S. 21) ordnet das Sondereigentum exakt den Miteigentumsanteilen zu und grenzt es vom Gemeinschaftseigentum ab. Die Aufteilung des Gebäudes in Sonder- und Gemeinschaftseigentum ist zusätzlich im Aufteilungsplan (vgl. S. 26) festgelegt. Beide Dokumente gehören zusammen und müssen übereinstimmen, damit Sondereigentum wirksam entstehen kann. Da der Aufteilungsplan zum Inhalt des Wohnungsgrundbuchs gehört, kann die Zuordnung von Sonder- und Gemeinschaftseigentum auch dem Grundbuch entnommen werden. Entsprechen sich Teilungserklärung und Aufteilungsplan nicht, gilt das Sondereigentum grundsätzlich als nicht wirksam entstanden. Jeder Wohnungseigentümer sollte folglich auf den Inhalt beider Dokumente und ihre Übereinstimmung entsprechenden Wert legen und dies auch überprüfen.

▶ Was versteht man unter Sondereigentum?

Sondereigentum bedeutet nichts anderes als Alleineigentum, d. h. der Wohnungseigentümer kann grundsätzlich allein über dieses Eigentum verfügen. Sondereigentum kann an wesentlichen Bestandteilen eines Grundstücks entstehen, also insbesondere an Wohnungen oder an anderen Räumen, die nicht Wohnzwecken dienen, sondern bspw. gewerblich genutzt werden sollen, das sog. Teileigentum. Wohnungseigentum kann in Teileigentum umgewandelt werden und umgekehrt. Allerdings ist dazu die Zustimmung aller Mitglieder der Wohnungseigentümergemeinschaft notwendig. Ebenso müssen andere dinglich Berechtigte, wie bspw. Grundpfandrechtsgläubiger, zustimmen. Die Umwandlung muss zudem in das Grundbuch (vgl. S. 8) eingetragen werden.

Auch andere Räume, wie z. B. Kellerräume, können zum Sondereigentum gehören, obwohl sie außerhalb der abgeschlossenen Wohn- oder Gewerbeeinheit liegen. Die Zuordnung kann der Teilungserklärung bzw. dem Aufteilungsplan entnommen werden. Ebenso können Bestandteile dieser Räume zum Sondereigentum gehören. Allerdings setzt dies voraus, dass sie verändert, entfernt oder wieder eingefügt werden können, ohne dass das Gebäude in seiner Gestalt oder Konstruktion verändert wird. Damit gehören im Allgemeinen lediglich Fußbodenbeläge, wie Parkett oder Teppichboden, sanitäre Einrichtungen wie beispielsweise Badewannen und ähnliche Gebäudebestandteile zum Sondereigentum. Voraussetzung ist in allen Fällen, dass es sich um wesentliche Bestandteile des Grundstücks handelt und dass die Räume, in denen sie sich befinden, in sich abgeschlossen sind.

Kann Sondereigentum unterteilt oder vereinigt werden?

Gehören **einem Wohnungseigentümer** zwei nebeneinander liegende Wohnungen oder sonstige im Sondereigentum stehende Räume, kann er die beiden **Rechte zusammenlegen**, auch ohne dass die anderen Wohnungseigentümer zustimmen. Dazu darf er auch einen Mauer- oder Deckendurchbruch vornehmen. Solange keine tragenden Wände – und damit die Statik des Gebäudes – betroffen sind, ist dies ohne Zustimmung der anderen Eigentümer möglich. Das Gleiche gilt, wenn **zwei Wohnungseigentümer** ihr **Sondereigentum** vollständig oder auch nur einzelne Räume des Sondereigentums miteinander **verbinden**. Allerdings muss diese Übertragung notariell beurkundet werden.

Unterteilungen des Sondereigentums sind grundsätzlich möglich. Nichtig sind Unterteilungen, wenn sie zu Sondereigentum führen, dem kein Miteigentumsanteil gegenübersteht, oder wenn sie Gemeinschaftseigentum als Sondereigentum der neu gebildeten Einheiten ausweisen. Wird durch solche und ähnliche Maßnahme das Sondereigentum neu zugeordnet, muss der Aufteilungsplan geändert und eine neue Abgeschlossenheitsbescheinigung eingeholt werden.

Sondereigentum kann ohne die Zustimmung der übrigen Eigentümer unterteilt werden, solange nicht Teile des Sondereigentums in gemeinschaftliches Eigentum umgewandelt werden müssen. Wird jedoch die Zweckbestimmung der Räume geändert, also etwa Wohnungseigentum in Teileigentum umgewandelt, muss die Zustimmung der anderen Eigentümer eingeholt und dies im Grundbuch eingetragen werden. Teilungserklärung bzw. Gemeinschaftsordnung können allerdings eine Regelung enthalten, dass die Unterteilung von Wohnungseigentum zustimmungsbedürftig ist. Entstehen durch diese Aufteilungsmaßnahmen neue selbständige Einheiten, muss eine Abgeschlossenheitsbescheinigung eingeholt und zusammen mit dem Aufteilungsplan beim Grundbuchamt eingereicht werden.

Gibt es Nutzungsbeschränkungen?

Grundsätzlich kann jeder Wohnungseigentümer frei über alle Räume oder Gebäudeteile, die in seinem Sondereigentum stehen, verfügen – selbstverständlich nur im Rahmen der Gesetze. Damit kann das Sondereigentum auch vermietet, verpachtet, vererbt oder in anderer Form genutzt werden. Allerdings dürfen anderen Wohnungseigentümern dadurch keine Nachteile entstehen, d. h. Belästigungen durch Küchengerüche, Lärm, aber z. B. auch durch Wäsche auf dem Balkon sind soweit wie möglich zu vermeiden. Grundsätzlich können Wohnungen auch in anderer Form genutzt werden, wenn diese Nutzung keine anderen Beeinträchtigungen oder Störungen mit sich bringt als die Wohnnutzung. Sind jedoch Räume im Teileigentum mit einer Zweckbestimmung versehen, also z. B. mit dem Zusatz „Laden", ist eine andere Nutzung üblicherweise nur zulässig, wenn daraus keine wesentlichen Nachteile für die übrigen Mitglieder der Eigentümergemeinschaft entstehen. Zweckbestimmungen des Sondereigentums können durch Mehrheitsbeschluss geändert werden, sofern in der Gemeinschaftsordnung bzw. der Teilungserklärung eine sog. Öffnungsklausel enthalten ist. Nach der Reform des Wohnungseigentumsgesetzes sind solche Änderungen leichter zu erreichen als bislang, da der Gesetzgeber die rechtlichen Hürden zur Änderung von Teilungserklärung bzw. Gemeinschaftsordnung gesenkt hat (vgl. S. 21/24). Nutzt ein Wohnungs- oder Teileigentümer sein Sondereigentum entgegen der Zweckbestimmung, kann jeder „gestörte" Wohnungseigentümer verlangen, dass dieses Verhalten unterlassen wird. Dieser Anspruch kann gerichtlich durchgesetzt werden.

Was versteht man unter Gemeinschaftseigentum?

Gemeinschaftseigentum wird am Grundstück erworben, wie auch an allen Teilen, Anlagen oder Einrichtungen des Gebäudes, die eben nicht im Sonder- oder Teileigentum stehen. Auch Gebäudeteile, die für den Bestand oder die Sicherheit des Gebäudes notwendig sind, oder Anlagen oder Einrichtungen, die dem gemeinschaftlichen Gebrauch der Wohnungseigentümergemeinschaft dienen, zählen grundsätzlich zum Gemeinschaftseigentum. Gehören solche Bestandteile des Gebäudes zwingend zum Gemeinschaftseigentum, ist es nicht möglich, sie zum Sondereigentum zu erklären, auch nicht durch eine Vereinbarung der Wohnungseigentümer. Dies gilt z. B. für die Außenseiten der Fenster, tragende Wände, aber auch die konstruktiven Bestandteile der Böden des Sondereigentums (nicht jedoch die Fußboden*beläge* – sie zählen zum Sondereigentum). Räume, die im Gemeinschaftseigentum stehen, können in Sondereigentum überführt werden, wenn sie nicht zwingend als Gemeinschaftseigentum benötigt werden. So kann bspw. der zunächst als Fahrradraum genutzte Kellerraum durch Vereinbarung einem Eigentümer als Sondereigentum zugeschlagen werden.

▸ Ist die Abgrenzung von Sonder- und Gemeinschaftseigentum immer eindeutig?

In der Praxis führen die o. g. Abgrenzungskriterien immer wieder zu Problemen. So können etwa Abwasserleitungen nicht ohne weiteres zugeordnet werden. Die Hauptabwasserleitung ist grundsätzlich dem Gemeinschaftseigentum zuzuordnen, doch die Zuleitungen, die das Abwasser aus dem Sondereigentum zur Hauptabwasserleitung führen, zählen zum Sondereigentum. Das gleiche Schema kann auf andere Versorgungsleitungen wie Strom, Wasser und Wärme angewandt werden. Bei Heizungen können Heizkörper zumindest durch eine Vereinbarung dem Gemeinschaftseigentum zugeordnet werden. Die Heizkörperventile dagegen zählen grundsätzlich dazu, denn nur durch sie kann die gesamte Heizungsanlage überhaupt funktionieren. Die Zugehörigkeit von Heizkostenverteilern zum Gemeinschaftseigentum begründet sich dagegen dadurch, dass ohne sie die Heizkosten nicht ordnungsgemäß verteilt werden können. Betreibt dagegen einer der Eigentümer vertragsgemäß eine Heizungsanlage und versorgt er die Miteigentümer mit dieser Anlage mit Wärme, zählt sie zum Sondereigentum. Blumentröge, die der Begrenzung von Terrassen, Dachterrassen, Wegen oder von Grünflächen dienen, gehören zum gemeinschaftlichen Eigentum; Balkonkästen oder Blumenkübel werden dagegen dem Sondereigentum zugeordnet. Fensterbänke, die innerhalb der Räume des Sondereigentum liegen, gehören auch dem Sondereigentümer. Anders bei Fensterbänken, die außen an den Fenstern angebracht sind oder die sich in Räumen im gemeinschaftlichen Eigentum befinden, sie zählen zum Gemeinschaftseigentum. Dies gilt auch für die Fensterrahmen oder das Fensterglas, denn diese Elemente gehören zum konstruktiven Teil des Gebäudes. Innere Fensterflügel, der Innenanstrich oder die Beschläge dagegen werden dem Sondereigentum zugeordnet.

6. Notwendige Versicherungen

▸ Welche Versicherungen benötigt die Wohnungseigentümergemeinschaft?

Welche Versicherungen eine Wohnungseigentümergemeinschaft benötigt, ist letztlich vom Empfinden jedes Einzelnen abhängig. Doch betrifft die Entscheidung Für oder Wider einzelner Versicherungen nicht nur das Sondereigentum, also das Eigentum eines einzelnen Eigentümers, sondern vielmehr das Eigentum der Gemeinschaft. Daher sieht der Gesetzgeber vor, dass zumindest der Abschluss der beiden essentiellen Versicherungen, die Feuerversicherung und die Grundeigentümerhaftpflichtversicherung, zu den Maßnahmen der ordnungsmäßigen Verwaltung zählen. Damit kann jeder einzelne Eigentümer verlangen, dass diese beiden Versicherungen abgeschlossen werden. Darüber hinaus empfehlen sich noch weitere Versicherungen, damit die Wohnungseigentümergemeinschaft und damit auch der einzelne Wohnungseigentümer vor dem Verlust seines Eigentums und vor erheblichen Vermögensschäden versichert ist. Nicht vergessen sollte jeder einzelne Eigentümer natürlich seinen eigenen Versicherungsschutz, wie z. B. die Hausratversicherung oder die Privathaftpflichtversicherung.

▶ Wie werden die Versicherungsverträge abgeschlossen?

Ob die Wohnungseigentümergemeinschaft den Abschluss dieser Versicherungen mehrheitlich beschließen kann oder ob alle Wohnungseigentümer zustimmen müssen, richtet sich danach, ob der Abschluss der Versicherung noch als Maßnahme der ordnungsmäßigen Verwaltung gesehen werden kann. Über den Abschluss – aber auch über die Kündigung – einer oder mehrerer Versicherungsverträge entscheidet grundsätzlich die Wohnungseigentümergemeinschaft. Nur aufgrund entsprechender Beschlüsse der Gemeinschaft darf der Verwalter Versicherungen abschließen oder kündigen. Die Wohnungseigentümergemeinschaft kann den Verwalter jedoch durch eine Klausel im Verwaltervertrag, der Teilungserklärung, der Gemeinschaftsordnung oder durch eine andere Vollmacht ermächtigen, Versicherungen abzuschließen und/oder zu kündigen.

Abgeschlossen werden die Versicherungen vom Verwalter entweder im Namen der Wohnungseigentümergemeinschaft oder im eigenen Namen für fremde Rechnung. Vor dem Abschluss einer neuen Versicherung ist es auf jeden Fall sinnvoll, verschiedene Angebote einzuholen und zu vergleichen – denn zwischen den verschiedenen Tarifen bestehen erhebliche Unterschiede. Wird eine Versicherung gekündigt, muss zwar nicht gleichzeitig eine neue Versicherung abgeschlossen werden. Sehen Beschlüsse der Gemeinschaft jedoch vor, dass eine solche Versicherung bestehen muss, muss spätestens zum Zeitpunkt des Vertragsendes eine neue Versicherung vorhanden sein, so dass der Versicherungsschutz lückenlos besteht.

▶ Muss eine Feuerversicherung abgeschlossen werden?

Durch den Abschluss einer Feuerversicherung ist die Immobilie gegen Brandschäden versichert. Ein solcher Brand kann bspw. durch eine Kerze, Öfen oder einen Kurzschluss ausgelöst werden. Doch die Versicherung springt auch für Schäden ein, die durch Blitzschlag, Explosion oder den Absturz von Flugzeugen entstehen. Die Feuerversicherung sichert ebenso Schäden durch Lösch- oder Abrissarbeiten ab. Aufräum- oder Abbruchkosten sind im Allgemeinen allerdings nur mit einem geringen Prozentsatz mitversichert, können jedoch häufig noch nachverhandelt werden. Wenn im Ernstfall das Gebäude vollständig abbrennt, zahlt die Versicherung i. d. R. den ortsüblichen Neubauwert. So ist sichergestellt, dass die Immobilie wieder aufgebaut werden kann.

Was schützt die verbundene Wohngebäudeversicherung?

In der Regel wird eine Feuerversicherung nicht einzeln, sondern als Bestandteil der verbundenen Wohngebäudeversicherung abgeschlossen. Auch der Abschluss dieser Versicherung zählt zu den Maßnahmen ordnungsmäßiger Verwaltung, so dass nur ein Mehrheitsbeschluss notwendig ist. Diese Versicherung umfasst als **Paketlösung** verschiedene Sachversicherungen und sichert die Gemeinschaft gegen Schäden durch Brand, Blitzschlag, Explosionen, Leitungswasser, Sturm oder Hagel ab. Sie übernimmt meist – wenn auch oft in begrenzter Höhe – die Kosten für Aufräum- und Abbruchkosten. Auch Mietausfälle, die in der Folge des Ereignisses entstanden sind, sind gewöhnlich versichert. Sturmschäden erkennt die Versicherung in der Regel nur an, wenn für die jeweilige Gegend eine Windstärke von mindestens 8 gemessen wurde oder auch an anderen Häusern bzw. auf anderen Grundstücken Schäden aufgetreten sind, die i. A. nur durch einen Sturm entstanden sein können. Leitungswasserschäden entstehen oft durch Undichtigkeiten an den Zu- oder Ableitungen der Wasserversorgung und der Heizung z. B. durch Rohrbruch oder Frost. Die Versicherung springt üblicherweise auch ein, wenn die Schäden durch Einrichtungen verursacht werden, die mit diesen beiden Anlagen verbunden sind, also z. B. von Wasch- oder Spülmaschinen ausgehen. Nicht versichert sind dagegen Schäden, die durch eingedrungenes Regenwasser, ein ausgelaufenes Wasserbett oder ein Aquarium entstanden sind.

Die verbundene Wohngebäudeversicherung schützt auch das sogenannte Zubehör, wie etwa Markisen oder Antennen. Es ist versichert, wenn es sich im Gebäude befindet oder außen am Gebäude angebracht wurde und der Instandhaltung oder der Nutzung des Gebäudes zu Wohnzwecken dient. Da die verbundene Wohngebäudeversicherung unterschiedliche Einzelpolicen koppelt, ist sie meist preisgünstiger für die Gemeinschaft als der Abschluss verschiedener Einzelversicherungen. Doch schützt die verbundene Wohngebäudeversicherung die Immobilie nicht gegen Elementarschäden durch Hochwasser oder Erdbeben. Dafür wird eine Elementarschadenversicherung benötigt.

Braucht eine Wohnungseigentümergemeinschaft eine Elementarschadenversicherung?

Als Elementarschäden werden Schäden durch Hochwasser, durch Erdrutsch, durch Schneedruck oder ähnliche Naturereignisse bezeichnet, die in den letzten Jahren erheblich zugenommen haben und zu einer großen finanziellen Belastung der Eigentümergemeinschaft werden können. Diese Schäden sind meist nicht durch die verbundene Wohngebäudeversicherung erfasst, können jedoch durch eine Elementarschadenversicherung abgesichert werden. Sie ist oft als Zusatz zur verbundenen Wohngebäudeversicherung zu erhalten. Sind in der Vergangenheit jedoch größere Schäden, beispielsweise durch Hochwasser, entstanden, ist eine Elementarschadenversicherung entweder nicht oder nur zu sehr hohen Prämien zu erhalten. Liegt eine Anlage also in einem möglichen Gefährdungsgebiet, sollten die Wohnungseigentümer prüfen, ob der Abschluss einer Elementarschadenversicherung sinnvoll ist.

Wozu dient die Gewässerschadenhaftpflichtversicherung?

Sickert aus einem undichten Öltank der Wohnungseigentümergemeinschaft oder aus undichten Zuleitungen Öl in das umliegende Erdreich und gelangt ins Grundwasser, entstehen schnell Schäden, für deren Beseitigung die Wohnungseigentümergemeinschaft verantwortlich ist. Die Beseitigung dieser Schäden verursacht immer erhebliche Kosten, vor denen sich die Gemeinschaft durch den Abschluss der Gewässerschadenhaftpflichtversicherung absichern kann. Der Beitrag ist abhängig von der Größe und der Lage des Tanks. Liegt der Tank unterirdisch, fällt die Prämie meist teurer aus, da ein Leck später entdeckt wird und daher größeren Schaden anrichten kann. Ein Mehrheitsbeschluss über den Abschluss dieser Versicherung entspricht der ordnungsmäßigen Verwaltung, wenn die Anlage über eine Ölzentralheizung beheizt wird.

Wer braucht eine Haus- und Grundbesitzerhaftpflichtversicherung?

Die Haus- und Grundbesitzerhaftpflicht schützt die Wohnungseigentümergemeinschaft vor Haftungsverpflichtungen, die durch Schäden ausgelöst werden, die Dritte aus dem Gefahrenkreis einer Immobilie erleiden können. Solche Schäden entstehen schnell, z. B. durch schadhafte Treppenstufen, defekte Spielgeräte auf dem Spielplatz der Wohnanlage, nicht geräumte Wege im Winter und vieles mehr. Die Versicherung springt ein, wenn die Gemeinschaft ihre Pflichten als Haus- und Grundeigentümer schuldhaft verletzt hat. Dabei spielt es keine Rolle, ob ein Miteigentümer geschädigt wurde oder ob Mieter, Besucher, Passanten oder Lieferanten betroffen sind. Die Versicherung umfasst auch die persönliche Haftungsverpflichtung der Wohnungseigentümer und Verwalter, soweit sie für die Gemeinschaft tätig werden oder für Schäden in Anspruch genommen werden, die von der Wohnanlage ausgegangen sind. Haftungsverpflichtungen der Wohnungseigentümer, die nicht aus ihrer Eigenschaft als Wohnungseigentümer resultieren – z. B. wenn sie als Fußgänger einen Unfall verursachen –, sind selbstverständlich ausgeschlossen.

Rechtsschutzversicherungen auch für Wohnungseigentümergemeinschaften?

Auch Wohnungseigentümergemeinschaften können sich gegen Risiken durch Rechtsstreitigkeiten durch den Abschluss einer Rechtsschutzversicherung schützen. Dabei spielt es keine Rolle, ob es sich um Streitigkeiten innerhalb der Gemeinschaft handelt oder ob die Streitigkeiten gegen Dritte ausgetragen werden. Ein Mehrheitsbeschluss reicht jedoch in der Regel nicht aus, vielmehr müssen die Eigentümer den Abschluss dieser Versicherung wirksam vereinbaren. Unabhängig davon kann jedoch jeder Wohnungseigentümer eine entsprechende Versicherung abschließen, die gewöhnlich auch die Wahrnehmung seiner Rechte als Wohnungseigentümer versichert.

7. Baumängel

▶ Liegt ein Baumangel vor?

Baumängel können beim Erwerb neu errichteter Eigentumswohnungen auftreten oder wenn die Wohnungseigentümer bauliche Veränderungen am Gemeinschaftseigentum vorgenommen haben. Grundsätzlich wird dann von einem Mangel ausgegangen, wenn die Bauleistung nicht nach den anerkannten Regeln der Bautechnik ausgeführt wurde, also z. B. der Schallschutz nicht den gültigen DIN-Vorschriften entspricht, Keller und Tiefgaragen nicht ausreichend gegen Grundwasser gesichert oder die Wäschespinne nicht wie vereinbart aufgestellt wurde. Maßstab sind die anerkannten Regeln der Technik im Zeitpunkt der Bauabnahme, wobei der Standard vergleichbarer Bauwerke bei der Beurteilung herangezogen werden kann. Doch ein Baumangel kann trotz Einhaltung der anerkannten Regeln der Bautechnik vorliegen, wenn ein anderer Standard eingebaut wird als vereinbart wurde. So können die Vertragsparteien insbesondere für sog. Luxuswohnungen eine Ausstattung z. B. des Parketts oder der sanitären Einrichtungen vereinbaren, die über das Übliche hinausgeht. Ob ein Mangel vorliegt, entscheidet sich damit grundsätzlich nach dem, was im Vertrag vereinbart wurde.

▶ Muss der Mangel beseitigt werden?

Die Beseitigung von Mängeln und die erstmalige Herstellung eines mangelfreien Zustands zählt zu den Maßnahmen der Instandhaltung und Instandsetzung, die jeder Wohnungseigentümer verlangen kann. Und zwar auch dann, wenn dazu in die Bausubstanz eingegriffen werden muss, also z. B. neue Lüftungsrohre gelegt werden müssen oder der Schallschutz neu eingebracht werden muss. Dieser Anspruch der Wohnungseigentümer besteht unabhängig von möglichen Ansprüchen gegen den Bauträger bzw. Bauunternehmer oder Handwerker. Wie und wann die Mängel beseitigt werden, entscheiden die Wohnungseigentümer durch einen Mehrheitsbeschluss.

Ist der Mangel erst einige Zeit nach dem Bau aufgetreten und soll beseitigt werden, müssen die notwendigen Maßnahmen grundsätzlich nach den dann gültigen Regeln der Technik durchgeführt werden und nicht nach denen, die im Zeitpunkt des ursprünglichen Baus galten. Allerdings können die Wohnungseigentümer die Beseitigung von Mängeln zurückstellen, um zunächst Ansprüche gegen den Bauträger bzw. andere Baubeteiligte durchzusetzen. Sie können zudem beschließen, bestimmte Mängel nicht mehr zu beseitigen.

▶ Haftet der Bauträger für Mängel?

Weist ein Bauwerk Mängel auf, muss der Bauträger diese Mängel beseitigen. Gewöhnlich werden Bauträgerverträge, mit denen neu zu errichtende Immobilien ver- bzw. gekauft werden, nach allgemeinem Werkvertragsrecht abgeschlossen. In diesem Fall haben die Eigentümer zunächst das sog. Recht auf Nacherfüllung, das heißt der Mangel soll beseitigt werden oder die mangelhafte Leistung wird neu erstellt. Kommt der Bauträger dieser Pflicht nicht nach, kann zunächst eine Nachfrist gesetzt werden. Nach Ablauf der Frist besteht grundsätzlich die Möglichkeit, die Maßnahmen selbst durchzuführen (Selbstvornahme) und anschließend zu verlangen, dass die notwendigen Aufwendungen erstattet werden. Bei schwerwiegenden Mängeln, z. B. wenn die Eigentumswohnung nicht wie vereinbart innen ausgebaut wurde, besteht auch die Möglichkeit eines Rücktritts vom Vertrag. Voraussetzung ist jedoch, dass die Mängel erheblich sind, dass der Erwerber für den Mangel nicht allein oder überwiegend allein verantwortlich ist und kein Annahmeverzug des Erwerbers vorliegt. Zudem muss der Bauträger den Mangel verschuldet haben. Ein Rücktritt ist auch dann nicht mehr möglich, wenn der Erwerber die Wohnung abgenommen hat und den Mangel zu diesem Zeitpunkt kannte.

Statt eines Rücktritts kann der Erwerber jedoch auch den Kaufpreis mindern. Sinn der Minderung ist es, den Kaufpreis dem mangelbehafteten Bauwerk anzupassen. Damit der Erwerber den Kaufpreis mindern kann, müssen grundsätzlich die gleichen Voraussetzungen vorliegen wie für einen Rücktritt. Allerdings ist eine Minderung bereits bei unerheblichen Mängeln möglich. Ist dem Erwerber ein Schaden entstanden, z. B. durch Mietausfälle, Gutachterkosten und Ähnliches, kann entsprechend Schadenersatz verlangt werden. Doch müssen solche Ansprüche i. d. R. gerichtlich durchgesetzt werden.

Macht die Wohnungseigentümergemeinschaft oder der einzelne Wohnungseigentümer den Mangel geltend?

Grundsätzlich steht jedem Erwerber einer Eigentumswohnung das Recht auf eine mangelfreie Wohnung zu, er kann diese Ansprüche folglich auch geltend machen. Dies gilt uneingeschränkt, sofern die Mängel am Sondereigentum auftreten, also z. B. die sanitäre Ausstattung nicht der Vereinbarung entspricht oder die Zimmertüren nicht schließen. Treten Mängel am Gemeinschaftseigentum auf, hat jeder einzelne Eigentümer einen Anspruch gegen den Bauträger, aber eben auch alle Mitglieder der Wohnungseigentümergemeinschaft. Damit nun ein Bauträger nicht gleichzeitig von mehreren Erwerbern auf unterschiedliche Art und Weise in Anspruch genommen wird, muss die Gemeinschaft zunächst einen Mehrheitsbeschluss darüber fassen, ob statt Nacherfüllung ein Minderungsrecht oder Schadenersatz geltend gemacht werden soll. Der Anspruch auf Nacherfüllung kann allerdings auch ohne einen Beschluss der Gemeinschaft von jedem Wohnungseigentümer alleine geltend gemacht werden. Das Gleiche gilt, wenn die Voraussetzungen für einen Rücktritt vom Vertrag vorliegen und der Eigentümer von diesem Recht Gebrauch machen will.

Welche Aufgaben muss der Verwalter erfüllen?

Im Rahmen seiner allgemeinen **Kontrollpflichten** muss der Verwalter das Gebäude auch auf Mängel hin prüfen. Hat er Baumängel festgestellt, muss er die Wohnungseigentümer darüber informieren und entsprechende Beschlüsse zur Mängelbeseitigung ausführen. Der Verwalter selbst kann die Beseitigung der Mängel ohne eine entsprechende Entscheidung der Eigentümer nicht veranlassen, außer es ist „Gefahr in Verzug“.

Zu den Aufgaben des Verwalters gehört es zudem, Gewährleistungsfristen zu **überwachen**. Steht ihr Ablauf bevor, muss er die Gemeinschaft darauf hinweisen und eine Entscheidung über das weitere Vorgehen herbeiführen. Der Verwalter ist jedoch auch verpflichtet, Gewährleistungsfristen zu überwachen.

Wer trägt die Kosten?

Kann keine Gewährleistung mehr geltend gemacht werden, verbleiben die Kosten der Mängelbeseitigung bei den Wohnungseigentümern. Die notwendigen Maßnahmen werden dann als Maßnahmen der Instandhaltung und Instandsetzung durchgeführt, auf die jeder Eigentümer einen Anspruch hat. Die Wohnungseigentümer müssen sich gemäß dem gesetzlichen oder vereinbarten Kostenverteilungsschlüssel an den Kosten beteiligen.

II. Finanzierung des Kaufes

1. Arten der Finanzierung

Eigene oder fremde Mittel?

Eine Eigentumswohnung vollständig über eigene Mittel finanzieren zu wollen, dürfte nur in wenigen Fällen realistisch sein. Und dennoch geht ohne Eigenkapital nichts, wenn die Finanzierung realistisch gestaltet ist. 20–30 % der Kosten der Eigentumswohnung sollten vernünftiger Weise aus eigenen Mitteln finanziert werden. Ohne ausreichende Eigenmittel ist eine seriöse Immobilienfinanzierung gewöhnlich nicht zu bekommen, denn aus der Höhe des angesparten Eigenkapitals wird vielfach ein Rückschluss auf das Verhalten des Kreditnehmers bei Zins- und Tilgungszahlungen gezogen. Ein höherer Eigenkapitalanteil schafft zudem bei der Finanzierung Erleichterungen, da die Höhe der Darlehenszinsen auch vom Eigenkapitalanteil abhängt. Werden Fördermittel in Anspruch genommen, setzt dies in der Regel eine Eigenkapitalquote von 10–20 % voraus. Eigene Mittel können als Bargeld, auf Sparkonten oder in Wertpapieren vorliegen. Als sog. indirekte Eigenmittel werden von Kreditinstituten auch Arbeitgeberdarlehen oder Darlehen von Angehörigen akzeptiert.

Als Eigenkapitalersatz wird häufig die **Eigenleistung** propagiert. Doch hier heißt es Vorsicht! Denn ein Zuviel an Eigenleistung kann den Bauherrn schnell überfordern. Müssen die Eigenleistungen dann doch noch durch ein Unternehmen ausgeführt werden, steigt dadurch zwangsläufig der Finanzbedarf. Wird die Eigentumswohnung direkt von einem Bauträger erworben, können eigene Leistungen häufig nur in sehr engen Grenzen vereinbart werden.

Und wie hoch muss das Fremdkapital sein?

Der Fremdkapitaleinsatz muss die Differenz zwischen den Erwerbs- bzw. Baukosten und dem Eigenkapital decken. Doch müssen weitere Kosten berücksichtigt werden. Dazu zählen Erwerbsnebenkosten, wie die Grunderwerbsteuer, Notar- und Gerichtskosten und unter Umständen Maklerkosten. Befindet sich die Wohnungseigentumsanlage noch im Bau oder muss die fertige Wohnung umgebaut oder saniert werden, führen Zusatzwünsche oder kurzfristige Änderungen schnell zu zusätzlichen Kosten. Ist der Finanzbedarf zu knapp kalkuliert, kann dies die Kalkulation schnell gefährden. Und zu guter Letzt fallen auch beim Umzug, für Schönheitsreparaturen in der alten Wohnung, für die Wohnungsausstattung mit Teppichen, Gardinen, Lampen, Einbauküche und anderen Einrichtungsstücken erhebliche Kosten an, die bei der Kalkulation berücksichtigt werden müssen.

▸ Und wie hoch darf das Fremdkapital sein?

Der Fremdkapitalanteil sollte also 80 % der gesamten Investitionssumme nicht überschreiten. Die **Finanzierungsgrenze** wird nicht allein durch die Anforderungen der Kreditinstitute an den Eigenkapitaleinsatz gesetzt, sondern errechnet sich wesentlich aus dem eigenen Einkommen und der sich daraus errechnenden monatlichen Belastungsgrenze. Diese Belastungsgrenze kann jeder zukünftige Eigentümer sehr leicht selbst errechnen, indem er von dem monatlichen Nettoeinkommen fixe Kosten und die Lebenshaltungskosten abzieht. Diese Lebenshaltungskosten setzen die Kreditinstitute meist als Pauschalen an, die nach der Haushaltsgröße, oft zusätzlich nach dem Einkommen gestaffelt werden. Die Lebenshaltungskosten lassen sich alternativ auch feststellen, indem zumindest eine gewisse Zeit ein Haushaltsbuch geführt wird. Bei dem Kauf von Eigentumswohnungen muss auf jeden Fall berücksichtigt werden, dass in Zukunft nicht nur die üblichen Betriebskosten anfallen, sondern im zu zahlenden Hausgeld auch Instandhaltungsrücklagen, Kosten für die Verwaltung und Ähnliches enthalten sind. Diese Belastungen dürfen nicht unterschätzt werden. Auch sollte ein Spielraum für unvorhersehbare Anschaffungen, z. B. der Ersatz einer defekten Waschmaschine oder größere PKW-Reparaturen, einkalkuliert werden.

Aus dem individuellen Belastungsspielraum müssen **Zins- und Tilgungsleistung** zu zahlen sein. Verschiedene Kreditinstitute verlangen, dass aus dem aktuellen Einkommen eine Zins- und Tilgungsquote finanziert werden kann, bei der der Zins um zwei bis drei Punkte über dem aktuellen Zins liegt. Dies hat für den Kreditnehmer den Nachteil, dass erheblich weniger Fremdkapital aufgenommen werden kann, als bei dem derzeitigen Einkommen maximal finanziert werden kann. Andererseits verbleibt dem Kreditnehmer ein Spielraum, um – spätestens nach Ablauf der Zinsbindung – die Raten noch zahlen zu können.

▶ Wie lange laufen Darlehen üblicherweise?

Zur Finanzierung der Eigentumswohnung werden langfristige Darlehen benötigt. Kurzfristige Kredite eignen sich in der Regel nur für geringe Darlehenssummen oder als Form der Zwischenfinanzierung. Im Allgemeinen muss bei der Immobilienfinanzierung von **Darlehenslaufzeiten** zwischen 20 und 30 Jahren ausgegangen werden, also von langfristigen Darlehen. Unter Laufzeit wird der Zeitraum zwischen der Auszahlung eines Darlehens und seiner vollständigen Tilgung verstanden. Diese langen Laufzeiten könnten zwar auch erreicht werden, indem mehrere kurzfristige Darlehen aufeinander folgen. Doch besteht bei dieser Variante die Gefahr, dass die Auszahlung des neuen nicht zeitgleich mit der Ablösung des alten Darlehens gelingt. Damit können Deckungslücken, aber auch eine doppelte Zinsbelastung entstehen.

▶ Worum geht es bei der Zinsbindungsdauer?

Von der Darlehenslaufzeit zu unterscheiden ist die **Dauer** der Zinsbindung, die i. d. R. erheblich kürzer ist als die Darlehenslaufzeit. Ist die Zinsbindungszeit von normalerweise 2, 5, oder 10 Jahren abgelaufen, muss ein Anschlussvertrag geschlossen werden, in dem die Höhe des Zinses neu vereinbart wird. Ob der neue Zinssatz höher oder niedriger ausfällt, lässt sich im Vorhinein nicht bestimmen. Zu diesem Zeitpunkt ist auch der Wechsel des finanzierenden Kreditinstituts problemlos möglich – allerdings können zusätzliche Kosten entstehen, weil die Kreditsicherheiten für das neue kreditgebende Institut erneut bestellt werden müssen.

Sind feste oder flexible Zinsen günstiger?

Die Darlehen können grundsätzlich mit festen oder mit flexiblen Zinsen vereinbart werden. Bei einem festen Zinssatz bleibt die Zinsbelastung während der Laufzeit gleich. Dies ist für den Kreditnehmer von Vorteil, wenn das Zinsniveau steigt, jedoch nachteilig, wenn das Zinsniveau fällt. Aber er hat während der Laufzeit eine feste Größe, mit der er kalkulieren kann. Bei flexiblen Zinssätzen passt sich der Darlehenszins während der Laufzeit der Marktentwicklung an. Bei steigenden Zinsen kann dies die Finanzierung gefährden, wenn der Belastungsspielraum zu eng gesteckt ist.

Was sind Annuitätendarlehen?

Bei Annuitätendarlehen wird das Darlehen während der gesamten Laufzeit des Darlehensvertrages mit einem gleichbleibenden Betrag pro Jahr – der Annuität – bedient. Diese Annuität setzt sich aus dem Zins- und dem Tilgungsanteil zusammen. Gewöhnlich wird ein Tilgungssatz von 1 bis 2 Prozent vereinbart. Mit zunehmender Laufzeit des Darlehens wird ein immer höherer Anteil der Kreditsumme getilgt, so dass die Zinsen auf die Restschuld abnehmen. Folglich kann der Tilgungsanteil stetig steigen. Damit hängt die Laufzeit des Darlehens entscheidend von der Höhe der Zinsen ab.

Gibt es auch Darlehen mit gleichbleibenden Tilgungsbeträgen?

Werden Darlehensverträge mit gleichbleibenden Tilgungsbeträgen abgeschlossen, bedeutet das, dass der Darlehensnehmer in jedem Jahr einen gleichbleibenden Betrag des Darlehens abzahlt. Zusätzlich zu diesen Teilbeträgen, den „Raten", muss der Kreditnehmer jedoch regelmäßig Zinsen zahlen. Da die Restschuld im Laufe der Zeit immer weiter abnimmt, sinkt zwangsläufig die Zinsbelastung. Für den Eigentümer bedeutet dies, dass seine Belastung aus Zins und Tilgung im Laufe der Zeit abnimmt. Zu Beginn der Darlehenslaufzeit, also im Zeitpunkt des Erwerbs der Eigentumswohnung, wenn der Finanzbedarf am höchsten ist, ist auch die Belastung am höchsten. Häufig sehen diese Verträge vor, dass die Zinsen während des Jahres von der Darlehensschuld berechnet werden, ohne dass die Tilgungsleistung berücksichtigt wird (nachschüssige Zahlungsweise), eine für den Darlehensnehmer gewöhnlich ungünstigere Regelung.

Wann beginnt die Darlehenstilgung?

Üblicherweise beginnt die Darlehenstilgung mit der Auszahlung des Darlehens. Eine zeitweise Entlastung gerade zu Beginn des Darlehens, wenn durch den Bau oder Erwerb zusätzliche Ausgaben das Haushaltsbudget belasten, kann die Vereinbarung von tilgungsfreien Jahren zu Beginn des Darlehens sein. In diesem Fall verzichtet das Kreditinstitut zu Beginn der Laufzeit auf die Tilgung, lediglich die Zinsen müssen gezahlt werden. Über die gesamte Laufzeit hinweg entsteht dadurch für den Kreditnehmer eine höhere Zinsbelastung.

Lohnen sich Festdarlehen?

Festdarlehen werden während der Laufzeit lediglich mit Zinszahlungen bedient und nicht getilgt. Erst am Ende der Laufzeit werden sie über eine Einmalzahlung, z. B. aus einer Lebensversicherung, der Zahlung aus einem fälligen Bausparvertrag, aus fälligen Wertpapieren oder Ähnlichem, getilgt. Häufig werden Festdarlehen eingesetzt, um die Zeit zu überbrücken, bis Kapitalanlagen fällig werden oder eine andere Immobilie veräußert wird. Da die Zinsen während der gesamten Laufzeit auf die gesamte Darlehenssumme gezahlt werden, handelt es sich um eine relativ teure Finanzierungsform. „Rechnen" kann sie sich jedoch z. B. durch Steuervorteile bei den Lebensversicherungen oder durch hohe Zinsen bei einer Kapitalanlage, die nicht aufgelöst werden kann oder soll.

Wie funktioniert ein Bausparvertrag?

Bei Bausparverträgen handelt es sich nicht um einen reinen Darlehensvertrag, sondern um eine Mischform von Spar- und Darlehensvertrag. Innerhalb eines vereinbarten Zeitraums wird Eigenkapital angespart und ein Anrecht erworben, zum Auszahlungszeitpunkt eine vertraglich vereinbarte Zuteilungssumme (Vertragssumme) zu erhalten. Diese setzt sich aus dem angesparten Eigenkapital und dem Darlehensanteil zusammen. Der Eigenkapitalanteil beträgt im

Allgemeinen 40–50 %. Der Bausparvertrag zeichnet sich durch eine relativ niedrige Verzinsung in der Ansparphase aus. Der Bausparer muss zudem eine Abschlussgebühr entrichten, die über die ersten Einzahlungen abgerechnet wird. Der Vertrag wird nicht zu einem festen Zeitpunkt fällig, sondern erst wenn die Zuteilungskriterien erfüllt sind, also insbesondere die **Ansparsumme** eingezahlt und eine sog. **Zielbewertungszahl** erreicht ist. Diese Bewertungszahl ergibt sich aus der eingezahlten Summe und der Einzahlungsdauer. Auch wenn die Zuteilungszahl erreicht ist, können Wartezeiten entstehen, da immer nur so viel Kapital ausgekehrt wird, wie ausreichende Mittel von den Sparern ein- bzw. von den Darlehensnehmern zurückgezahlt worden sind. Der **Auszahlungstermin** kann damit nicht exakt festgelegt werden. Eine Garantie darf das Institut grundsätzlich nicht erteilen, allerdings versprechen die Bausparkassen oft Zuteilungstermine, die formell jedoch unverbindlich sind. Ist das Darlehen zugeteilt, muss es innerhalb einer relativ kurzen Zeit – i. d. R. 12 Jahre – zurückgezahlt werden. Ausgestaltet sind diese Darlehen üblicherweise als Annuitätendarlehen. Der Darlehenszins ist gerade in Hochzinsphasen vergleichsweise niedrig – aber eben auch der Guthabenzins. Durch die schnelle Rückzahlung entsteht meist eine relativ hohe monatliche Belastung, so dass diese Darlehensform gewöhnlich nur für einen – kleineren – Teil der gesamten Kreditsumme gewählt wird.

▶ Wie funktioniert der Mietkauf von Wohnungen?

Auch der Mietkauf ist eine Form des Eigentumserwerbs. Es handelt sich um eine Kombination zwischen Miet- und Kaufvertrag. Zwischen den Vertragsparteien wird zunächst ein **Mietvertrag** über eine Immobilie geschlossen. Gleichzeitig schließen Mieter (Mietkäufer) und Vermieter (Mietverkäufer) einen **Kaufvertrag** ab, in dem der Mieter durch eine einseitige Erklärung ein Ankaufsrecht geltend machen und die Immobilie erwerben kann. Diese Erklärung ist gewöhnlich nur innerhalb einer bestimmten Frist möglich. Der Vertrag legt neben dem Mietpreis gleich die Höhe des Kaufpreises fest.

Wird ein längerer Zeitraum vereinbart, in dem der Mieter die Kaufoption ausüben kann, sind **Mieterhöhungen** grundsätzlich ebenso möglich wie Index- oder Staffelmieten. Zwar sind auch bei nur kurzen Laufzeiten im Rahmen der gesetzlichen Vorschriften Mieterhöhungen möglich, doch schließen die Vertragsparteien dies üblicherweise aus.

Übt der Mieter seine Kaufoption aus, wird die gezahlte Kaltmiete zumindest teilweise auf den Kaufpreis angerechnet. Der Mietkauf bietet scheinbar die Möglichkeit, Wohnungseigentum auch mit einem nur geringeren Eigenkapitalanteil zu erwerben. Denn bis zur **Ausübung** des **Kaufrechts** zahlt der Mieter seine Miete an den Eigentümer, der die Zahlungen wiederum teilweise auf den Kaufpreis anrechnet. Dies entspricht auf den ersten Blick einer Ratenzahlung wie bei einem Darlehen. Doch sobald der Mieter von seinem Kaufrecht Gebrauch macht, benötigt er wie in allen anderen Fällen ein Darlehen, für das er einen bestimmten Anteil Eigenkapital vorweisen muss. Dieses Eigenkapital muss er sowohl im Fall der sofortigen Darlehensaufnahme als auch im Fall des Mietkaufs aufbringen. Also muss der Mietkäufer dieses Eigenkapital parallel zu den Mietzahlungen bilden. Und die Höhe der Mietzahlungen entspricht im Fall des Mietkaufs häufig den Ratenzahlungen. Denn die Miete kann durch ein sog. Bindungsentgelt erhöht werden und fällt damit i. d. R. höher aus als die ortsübliche Vergleichsmiete. Durch diese höhere Miete wird die einseitige Bindung des Eigentümers honoriert. Das Darlehen kann der Mietkäufer erst aufnehmen, wenn er sein Kaufrecht ausgeübt hat. Damit hat er im Zeitpunkt des Vertragsabschlusses keine Möglichkeit, seine spätere Belastung annähernd zu kalkulieren. Denn die Zinssätze, die die finanzielle Belastung entscheidend beeinflussen, können sich in der dazwischen liegenden Zeit erheblich ändern.

Welche Rolle spielt das Erbbaurecht?

Auch Eigentumswohnungen können im Erbbaurecht errichtet werden. Das Erbbaurecht gewährt das Recht, auf einem Grundstück ein Bauwerk – also eine Wohnungseigentumsanlage – zu errichten. Das Grundstück verbleibt im Eigentum des Grundstückseigentümers, für die Nutzung wird der Erbbauzins gezahlt. Damit entfallen die oft hohen Kosten des Grundstückserwerbs. Doch muss zusätzlich zum Zins- und Tilgungsanteil – bei Wohnungseigentum auch zusätzlich zum Hausgeld – der **Erbbauzins** gezahlt werden. Das Erbbaurecht an einem Grundstück kann auch in Wohnungs- und Teilerbbaurechte unterteilt werden. Das Erbbaurecht wird über einen notariell zu beurkundenden Vertrag eingeräumt. Dabei kann entweder der Grundstückseigentümer oder ein Erbbauberechtigter das Erbbaurecht unterteilen. Jedes Wohnungs- oder Teilerbbaurecht wird auf einem eigenen Erbbaugrundbuchblatt eingetragen. Während der Dauer des Erbbaurechts ist der Erbbauzins zu zahlen. Das Erbbaurecht kann zeitlich befristet sein, üblich ist eine Dauer von 75 oder 99 Jahren. Nach Beendigung des Erbbaurechts erlischt es.

2. Darlehensvertrag und Darlehenskonditionen

▶ Wie erhält der Kauf- oder Bauwillige ein Darlehen?

Der erste Schritt zum Darlehen führt über die Beratungsgespräche der Kreditinstitute. Denn nicht nur für den zukünftigen Eigentümer ist es wichtig, dass die Finanzierung aus Eigen- und Fremdmitteln nicht nur möglich, sondern auch langfristig tragbar ist, sondern ebenso für das kreditgebende Institut. Daher wird in Vorgesprächen gemeinsam zwischen dem Kreditinstitut und dem Kunden ein **Finanzierungsplan** aufgestellt. Aus diesem Finanzierungsplan lässt sich ersehen, welche Finanzierung für das gewünschte Objekt benötigt wird und ob sie aus dem vorhandenen Einkommen und anderen Vermögenswerten dargestellt werden kann. Auf jeden Fall sollte mit verschiedenen Banken gesprochen werden. Denn zum einen unterscheiden sich die **Konditionen**, zum anderen stellen die Kreditinstitute unterschiedliche Anforderungen an die Kreditfähigkeit, aber auch an die Bewertung der Sicherheiten. Jeder Kreditnehmer sollte dennoch für sich selbst sehr genau prüfen, ob er die notwendigen finanziellen Belastungen auf Dauer tragen kann oder ob er sich besser für ein günstigeres Objekt entscheidet. Aus diesen Angaben heraus wird der Darlehensantrag gestellt, den die Bank dann – in einem entsprechenden Schreiben – annimmt. Seltener wird der umgekehrte Weg gewählt, dass das Kreditinstitut ein (befristetes) Angebot unterbreitet, das der Darlehensnehmer annehmen kann.

Welche Hürden sind zu überwinden?

Bevor ein Kreditinstitut ein Darlehen gewährt, muss jeder Kreditnehmer verschiedene Hürden überwinden. Zunächst müssen verschiedene **Unterlagen** über das Objekt eingereicht werden. Dazu gehören insbesondere der aktuelle Grundbuchauszug, ein Lageplan – unter Umständen mit Grenzbescheinigungen –, der Nachweis über die Feuerversicherung, der Kaufvertrag bzw. ein Entwurf, im Falle eines Erbbaurechts der Erbbaurechtsvertrag, bautechnische Unterlagen, Baupläne, eine Teilungserklärung sowie eine Aufstellung der Anschaffungs- bzw. Baukosten.

Welche persönlichen Voraussetzungen muss ein Darlehensnehmer erfüllen?

Der Kreditnehmer muss persönlich **kreditfähig** sein. Das setzt voraus, dass er geschäftsfähig ist: der zukünftige Eigentümer muss dazu mindestens 18 Jahre alt, seine Geschäftsfähigkeit darf nicht durch ein Gericht eingeschränkt worden sein.

In die Beurteilung der persönlichen **Kreditwürdigkeit** fließen zudem Alter, Familienstand, Dauer und Art des Beschäftigungsverhältnisses ein. In der Regel überprüfen die Kreditinstitute die zukünftigen Darlehensnehmer auch bei der Schufa (Schutzgemeinschaft für allgemeine Kreditsicherung), um festzustellen, ob weitere Kredite vorliegen oder in der jüngeren Vergangenheit Auffälligkeiten bei der Rückzahlung anderer Verbindlichkeiten vorlagen, wie z. B. eidesstattliche Versicherungen, eine Privatinsolvenz oder Ähnliches.

Wie beurteilt sich die sachliche Kreditfähigkeit?

Beurteilt wird die sachliche oder wirtschaftliche Kreditfähigkeit auf der Grundlage des **Einkommens** des Kreditnehmers und seiner **sonstigen Vermögensverhältnisse**. Berücksichtigt wird dabei das gesamte dauerhafte Einkommen, also z. B. neben dem Erwerbseinkommen auch Nebeneinkünfte, Renten oder andere regelmäßige Einkünfte. Dazu gehört neben dem Einkommen des Kreditnehmers unter Umständen auch das Einkommen des Ehegatten. In der Regel werden die Kreditinstitute versuchen, den Ehepartner in die Haftung einzubeziehen, z. B. indem beide Eheleute Kreditnehmer werden – sie haften dann gesamtschuldnerisch – oder indem der Ehepartner eine Bürgschaft übernimmt.

Dem Einkommen gegenzurechnen sind die **regelmäßigen Belastungen**, wie z. B. Versicherungen, PKW-Kosten, Zins- und Tilgungsverpflichtungen anderer Darlehen, aber auch die **Bewirtschaftungskosten** des zukünftigen Eigenheims. Dazu zählen bei Eigentumswohnungen nicht nur Kosten für Heizung, Strom, Wasser, Abwasser, Müll, Grundsteuer und ähnliche Betriebskosten. Im Hausgeld enthalten sind z. B. auch Kosten des Verwalters, die Instandhaltungsrückstellung und Ähnliches. Der Rest muss für den Lebensunterhalt, den die Banken pauschal gestaffelt nach Personenzahl, häufig auch nach dem Einkommen, ansetzen, und für die Zins- und Tilgungsleistungen des Darlehens ausreichen. Vor allem die Ausgaben sollte jeder Kreditnehmer sehr gewissenhaft angeben, denn nur so ist die Rückzahlung gesichert.

Auch zur Beurteilung der Kreditfähigkeit benötigt das Kreditinstitut Unterlagen, dazu zählt z. B. ein Einkommensnachweis (etwa in Form des Steuerbescheids), Kontoauszüge, um andere Vermögenswerte nachzuweisen, und Ähnliches.

▶ Was regelt der Darlehensvertrag?

Im Darlehensvertrag vereinbaren Kreditnehmer und Kreditgeber die **Konditionen** des **Darlehens**. Dazu gehört insbesondere die Darlehenshöhe, die Zinshöhe und -bindungsfrist und der Tilgungssatz. Auch sämtliche zusätzliche Kosten, die der Kreditnehmer während der Laufzeit zu tragen hat, wie z. B. die Bereitstellungsgebühren, Kontoführungsgebühren, Kreditvermittlungsgebühren oder Wertermittlungsgebühren, müssen aufgeführt werden.

Müssen **Versicherungen** abgeschlossen werden, ist auf die Versicherungstarife zu verweisen. Solche Klauseln sollte jeder Darlehensnehmer sehr sorgfältig prüfen, denn gerade durch Versicherungen, wie z. B. Risikolebensversicherungen, Restrückzahlungsversicherungen u. ä., entstehen hohe Kosten, die die ursprüngliche Kalkulation gefährden.

Der Darlehensvertrag legt auch die regelmäßige Belastung fest und bezeichnet die vom Kreditnehmer geleisteten **Sicherheiten**. Allerdings können die zu bestellenden Sicherheiten auch in zusätzlichen Verträgen benannt werden. Diese Regelungen müssen noch einmal genau geprüft werden, damit sie wirklich den ausgehandelten Bedingungen und den eigenen Vorstellungen entsprechen.

Exakt sollte besonders der **Zinssatz** geprüft werden. Denn neben dem Nominalzins muss auch der effektive Darlehenszins ausgewiesen werden. Dieser Effektivzins wird nach den Vorschriften der Preisangabenverordnung berechnet und berücksichtigt grundsätzlich alle Faktoren, die den Preis des Darlehens bestimmen. So enthält er z. B. ein evtl. vereinbartes Disagio, also einen Abschlag von der ausgezahlten Kreditsumme. Doch Kosten, die nicht direkt mit dem Kredit in Zusammenhang stehen, wie z. B. Notargebühren oder Verzugszinsen, fließen nicht in die Berechnung ein. Das Gleiche gilt z. B. für Bereitstellungszinsen, die ein Kreditinstitut üblicherweise verlangt, wenn der Betrag nicht sofort oder nur in Teilsummen ausgezahlt wird.

▶ Welche Formvorschriften sind zu beachten?

Der Kreditvertrag muss in Schriftform geschlossen werden und sollte sämtliche Geschäftsbedingungen des Kreditinstituts enthalten, die mit dem Vertrag fest verbunden – also z. B. geheftet – sein müssen. Die Urkunde muss von beiden Vertragsparteien unterschrieben werden. Ist der Vertrag von beiden Seiten unterschrieben, ist er zustande gekommen. Ein Rücktrittsrecht wie bei kurzfristigen Darlehen gibt es bei langfristigen Realkrediten nicht. Dafür werden jedoch meist Kündigungsmöglichkeiten vereinbart. Will der Darlehensnehmer nach der Unterschrift noch vom Vertrag zurücktreten, z. B. weil der Kaufvertrag über die Wohnung nicht zustande gekommen ist, und entlässt ihn das Institut aus dem Vertrag, muss er in der Regel eine Entschädigung für die Nichtabnahme zahlen.

3. Sicherung des Kredites, Beleihung des Wohneigentums

▶ Welche Sicherheiten werden verlangt?

Trotz der Überprüfung der Bonität des Kreditnehmers verlangen die Kreditinstitute zur Absicherung der langfristigen Darlehen natürlich Sicherheiten. Gerade bei langfristigen Darlehen zur Finanzierung des Erwerbs einer Eigentumswohnung werden i. d. R. Grundpfandrechte, also **Hypotheken** und **Grundschulden** verlangt.

Als zusätzliche Sicherheit werden teilweise **Bürgschaften**, z. B. der Ehepartner, Abtretungen von Lohn- und Gehaltsansprüchen, Abtretungen oder Verpfändungen von Bankguthaben, Sparbriefen, Wertpapieren oder von Versicherungen verlangt. Gerade bei Kapitallebensversicherungen sollte jedoch geprüft werden, ob eine solche Abtretung möglicherweise steuerliche Auswirkungen auf die Versicherungen hat.

▶ Was ist der Beleihungswert?

Werden Darlehen für den Immobilienerwerb durch Grundpfandrechte abgesichert, wird nicht der gesamte Wert der Immobilie und des Grundstücks zur Sicherung herangezogen, sondern lediglich ein Teil des Wertes: der Beleihungswert. Der Beleihungswert, den die Banken durch ein Wertgutachten eigener oder fremder Experten aus dem Sach- und dem Ertragswert einer Immobilie ableiten, liegt normalerweise 10 bis 20 % unter dem Kaufpreis. Er soll den jederzeit – also insbesondere im Fall einer Zwangsversteigerung – erzielbaren Wert der Immobilie wiedergeben und somit dem Kreditgeber eine größtmögliche Sicherheit bieten. Doch das benötigte Darlehen wird nicht in Höhe des Beleihungswertes gewährt. Zusätzlich besteht eine **Beleihungsgrenze**, die je nach Kreditinstitut und nach Bonität des Schuldners unterschiedlich ausfällt. Sie liegt üblicherweise zwischen 60 und 80 % des Beleihungswertes.

▶ Wie werden Hypotheken eingesetzt?

Hypotheken sind Pfandrechte an einem Grundstück, die ausschließlich der Sicherung einer bestimmten Schuld dienen. Ist die Schuld zurückgezahlt, erlischt auch die Hypothek. Sie wird zu

Gunsten des Gläubigers in Abteilung III des Grundbuchs eingetragen. Ihre Existenz ist an eine bestimmte Forderung gebunden. Sie kann also nicht zur Absicherung späterer weiterer Darlehen eingesetzt werden. Hypotheken sind in der Praxis weitgehend von Grundschulden verdrängt worden.

Worin unterscheiden sich Grundschulden?

Üblicherweise werden zur Absicherung des Darlehens Grundschulden eingetragen. Wie bei Hypotheken wird auch durch Grundschulden der Zahlungsanspruch eines Gläubigers abgesichert. Doch ist die Existenz der Grundschuld nicht daran gebunden, dass die (Darlehens-)Forderung besteht. Sie kann ohne diese Forderung – also ohne einen Schuldgrund – bestehen. Durch den Darlehensvertrag ist gewährleistet, dass sich die Ansprüche des Kreditinstituts, also des Gläubigers, nicht nach der Höhe der Grundschuld – also der ursprünglichen Darlehenshöhe – richten, sondern nach dem Darlehensvertrag, also nach dem aktuellen Darlehensstand. Diese Besonderheit der Grundschuld kommt unter Umständen auch dem Kreditnehmer zugute. Denn ist die durch die Grundschuld gesicherte Forderung erloschen, kann sie dennoch im Grundbuch stehenbleiben und zu einem späteren Zeitpunkt zur Absicherung eines weiteren Darlehens, z. B. zur Finanzierung von Modernisierungsmaßnahmen, genutzt werden. Die Löschungsbewilligung des Kreditinstituts sollte aber immer sehr gut aufbewahrt werden.

Wie werden Grundschulden bestellt?

Grundschulden entstehen durch Einigung und Eintragung. Die Einigung kommt durch den Abschluss des Darlehensvertrags zustande. Danach muss die Grundschuld ins Grundbuch eingetragen werden. Dies muss eine der beiden Parteien, also Gläubiger oder Eigentümer, beim Grundbuchamt formlos beantragen. Der Eigentümer muss die Eintragung jedoch bewilligen, dazu ist eine öffentliche oder öffentlich beglaubigte Urkunde notwendig. Zwar kann ein Grundschuldbrief ausgestellt werden, doch verzichten i. d. R. beide Parteien – auch aus Kostengründen – auf die Ausstellung.

Wann kommt das Grundpfandrecht zum Zuge?

Die Kreditinstitute dürfen nur auf die Grundschuld zurückgreifen, wenn der Kreditnehmer seine Verpflichtungen, also die Zahlung von Zins- und Tilgungsleistungen, nicht erfüllt. Daran ändert auch die im Darlehen vereinbarte Unterwerfungsklausel nichts. Eine solche Unterwerfungsklausel besagt, dass sich der Eigentümer eines Grundstücks damit einverstanden erklärt, dass aus der Urkunde – also dem Vertrag – wegen des Grundschuldkapitals – also des Darlehens, das der Schuld zugrunde liegt –, der Zinsen und anderer Forderungen aus dem Darlehen sofort in das Eigentum des Darlehensnehmers vollstreckt werden kann. Solange das Darlehen regelmäßig bedient wird, können die Kreditinstitute von dieser Klausel keinen Gebrauch machen. Erst wenn der Schuldner die Zins- und Tilgungsleistungen nicht mehr zahlt, kann der Gläubiger, also das Kreditinstitut, das Grundpfandrecht verwerten, also die Zwangsvollstreckung veranlassen. Bevor jedoch tatsächlich ein Grundstück im Wege der Zwangsvollstreckung versteigert wird, wird das Kreditinstitut gewöhnlich zunächst auf den Kreditnehmer zukommen und Alternativen suchen. In Frage kommen z. B. Tilgungsaussetzungen, Umschuldungen oder Ähnliches. Hier ist jeder Kreditnehmer gefragt aktiv zu werden, um sein Eigentum zu retten.

Was ist die Rangordnung?

Die Rangordnung, in der dingliche Rechte ins Grundbuch eingetragen werden, bestimmt die Reihenfolge, in der diese Rechte bei einer Verwertung – Zwangsvollstreckung – befriedigt werden. Denn die Forderung, aufgelaufene Zinsen und Kosten dieser Rechte werden aus dem Erlös der Zwangsvollstreckung bedient. Je besser der Rang eines dinglichen Rechts folglich ist, desto größer ist die Wahrscheinlichkeit, dass dieses Recht im Verwertungsfall auch befriedigt wird. Der Rang ergibt sich zunächst aus der Reihenfolge des Eintrags dieser Rechte. Allerdings gibt es die Möglichkeit, dass der Inhaber eines dinglichen Rechts in seinem Rang zurücktritt oder sogar der Löschung zustimmt und dieser Rang dann von einem anderen Recht eingenommen wird. Dies ist bei Grundpfandrechten zur Finanzierung des Immobilienerwerbs von besonderer Bedeutung, denn in der Regel verlangen Kreditinstitute, dass die zu ihren Gunsten eingetragenen Grundpfandrechte erstrangig sind, also bei einer evtl. Zwangsvollstreckung zuerst bedient werden.

Wozu dient die Bürgschaft?

Bürgschaften werden von Kreditinstituten meist dann verlangt, wenn die Beleihungsgrenzen der Immobilie den Darlehenswunsch nicht abdecken können. Sie dienen dann als zusätzliche Sicherheit. Typischerweise werden solche Bürgschaften von Ehepartnern – so sie nicht auch Kreditnehmer sind – oder Angehörigen verlangt. Jeder Bürge sollte sich darüber im Klaren sein, dass er für die Schuld in der Höhe der Bürgschaft mit seinem Vermögen einzustehen hat, wenn der Kreditnehmer seine Verpflichtungen nicht erfüllen kann. Er geht also ein beträchtliches Risiko ein.

4. Staatliche Förderung

Werden Bau oder Erwerb von selbst genutzten Immobilien noch gefördert?

Der Erwerb von selbst genutzten Immobilien also auch von Wohnungen wird durch verschiedene Förderprogramme unterstützt. Der Bund fördert Bau- und Kaufwillige insbesondere durch zinsgünstige und langfristige Darlehen der Kreditanstalt für Wiederaufbau (KfW). Die Länder haben eigene Förderprogramme, z. B. fördert das Land Bayern den Bau selbst genutzter Immobilien durch zinsverbilligte Darlehen. Durch vermögenswirksame Leistungen des Bundes wird zudem die Ansparphase gefördert. Ab 2007 sollte die Förderung der Eigentumsbildung neu geordnet werden, um die Immobilie stärker bei der Altersvorsorge zu berücksichtigen. Doch diese Programme sind derzeit noch nicht bekannt.

Lohnen sich KfW-Darlehen?

Durch KfW-Darlehen fördert der Bund den **Erwerb** und den **Neubau** von **selbst genutzten Eigenheimen** durch Privatpersonen. Grundsätzlich muss der Antrag auf Förderung vor Beginn des Bauvorhabens bzw. vor dem Erwerb gestellt werden. Nicht alle Kosten sind förderfähig. Beim Neubau werden die Kosten des Baugrundstücks, die reinen Baukosten sowie die Baunebenkosten und die Kosten der Außenanlagen gefördert. Der Kauf des Baugrundstücks darf allerdings noch keine 6 Monate zurückliegen, sonst dürfen diese Kosten nicht berücksichtigt werden. Beim Erwerb einer Eigentumswohnung kann der Kaufpreis inklusive der Nebenkosten gefördert werden. Sind Modernisierungs-, Instandsetzungs- und Umbaukosten angefallen, sind auch diese förderfähig. Voraussetzung ist jedoch, dass die Kosten angemessen sind und der Kapitaldienst und die Bewirtschaftung der Immobilie vom Antragsteller auch gedeckt werden können.

Nicht gefördert werden Umschuldungen oder bereits begonnene Bauvorhaben bzw. der bereits abgeschlossene Erwerb von Wohnungen. Die Förderprogramme berücksichtigen zudem nur selbstgenutzten Wohnraum. Wird in der Immobilie folglich eine Wohnung vermietet, dürfen die dafür entstandenen Kosten nicht in die förderfähigen Kosten eingerechnet werden. Eine Ausnahme wird nur in den Fällen eingeräumt, in denen die Wohnung im selbstgenutzten Objekt von nahen Angehörigen genutzt wird.

Sind diese Bedingungen erfüllt, finanziert die KfW maximal 30 % der angemessenen Gesamtkosten, maximal jedoch 100.000 €. Das Darlehen wird auf die Dauer von 30 Jahren zinsvergünstigt gewährt. Mindestens ein Jahr ist tilgungsfrei. Neben dem Zinsvorteil ist auch interessant, dass die KfW eine nachrangige Grundschuld als Sicherheit akzeptiert. Zudem können weitere Fördergelder von anderen staatlichen Stellen beantragt werden. Der Antrag wird über das **finanzierende Kreditinstitut** gestellt. Die KfW-Fördergelder können in der Regel mit den landeseigenen Förderungen kombiniert werden. Bei der KfW bestehen auch Programme zur Förderung von Modernisierung und Sanierung von Bestandsgebäuden, insbesondere im Bereich der energetischen Sanierung.

▶ Gibt es noch die Eigenheimzulage?

Mit der Eigenheimzulage fördert der Staat bis zu bestimmten Einkommensgrenzen 8 Jahre lang den Eigenheimerwerb. Familien erhalten zusätzlich Kinderzulagen. Diese Förderung der Eigentumsbildung, die sowohl den Erwerb von neuen Eigentumswohnungen als auch von Bestandsimmobilien berücksichtigte, wurde zum 1. 1. 2006 ersatzlos gestrichen. Alle gewährten Förderungen werden noch bis zum Ende des Förderzeitraums ausgezahlt. Neue Anträge können nicht mehr gestellt werden.

Fördern auch die Länder?

Die Bundesländer verfügen über unterschiedliche Programme, mit denen sie den Wohnungsbau fördern. Meist wird der soziale Mietwohnungsbau unterstützt, durch den sozial schwache Familien in den Genuss von preisgünstigen Mietwohnungen kommen sollen. Doch diese Programme sind oft mit einer Komponente versehen, die auch selbst genutzten Wohnraum begünstigt, sich im Wesentlichen jedoch auf den Neubau beschränkt. Die Förderprogramme unterscheiden sich zwischen den Bundesländern zum Teil sehr stark. Diese Unterschiede werden sich in Zukunft noch verstärken, denn bislang basierten die Programme auf bundeseinheitlichen Regeln, doch durch die Neuordnung der Aufgaben von Bund und Ländern im Rahmen der Föderalismusreform sind die Zuständigkeiten für die Wohnraumförderung nun auf die Länder übergegangen. Damit sind in den nächsten Jahren erhebliche Änderungen in den Förderbestimmungen zu erwarten. Gefördert wird durch die Gewährung einmaliger Baukostenzuschüsse, zinsloser oder zinsgünstiger Darlehen oder Aufwendungshilfen. Die Mittel aus der Landesförderung können i. d. R. mit KfW-Darlehen kombiniert werden. Derzeit gelten meist folgende Grundsätze:

- es gibt keinen Rechtsanspruch auf Förderung;
- gefördert werden i. d. R. kinderreiche Familien und Schwerbehinderte;
- i. d. R. sind Einkommensgrenzen zu beachten;
- i. d. R. werden Neubauten nur bis zu bestimmten Wohnflächen bzw. Baukosten gefördert;
- eine Eigenkapitalquote muss erbracht werden, dabei ist von mindestens 10 % auszugehen;
- das Vorhaben darf noch nicht begonnen worden sein, der Antrag muss also vor Baubeginn gestellt werden.

Das Land Bayern fördert diese Vorhaben bspw. mit einem Baudarlehen, das für 15 Jahre zinslos gewährt wird. Zusätzlich kann ein Zinsverbilligungsprogramm in Anspruch genommen werden.

Wird der Immobilienerwerb auch als Bestandteil der Altersversorgung anerkannt?

Mit der sogenannte Riesterrente soll die Bildung einer Altersvorsorge gefördert werden. Jeder förderfähige Arbeitnehmer erhält auf den selbst eingezahlten Betrag eine staatliche Zulage, um auf diese Weise eine eigene zusätzliche Altersvorsorge anzusparen. Aus diesem angesparten Altersvorsorgevermögen darf ein Betrag von 10.000,– €, höchstens jedoch 50.000 € entnommen und in den Erwerb selbst genutzten inländischen Wohneigentums investiert werden. Eine Finanzierung bereits begonnener Bauvorhaben oder eines bereits abgeschlossenen Erwerbs ist nicht zulässig. Die zu entnehmenden Beträge müssen jedoch zunächst vorhanden sein, also entweder angespart oder als staatliche Zulagen gewährt worden sein. Zudem müssen die entnommenen Gelder wieder in die Altersvorsorge zurückgezahlt werden, und zwar bis zum Rentenbeginn. Damit muss im 2. Jahr nach der Entnahme begonnen werden. Die entnommenen Beträge müssen für die Finanzierung einer selbst genutzten Immobilie eingesetzt werden, auch eine Vermietung der so finanzierten Wohnung – z. B. nach einem Umzug aus beruflichen Gründen – ist nicht zulässig. Ein Verstoß gegen die Förderbedingungen hat den Verlust der Zulage zur Folge. Geplant ist jedoch zusätzlich ein Programm, mit dem der Erwerb von Immobilien als selbständiger Bestandteil der privaten Altersversicherung anerkannt wird.

Was ist die Arbeitnehmersparzulage?

Die Arbeitnehmersparzulage dient nicht ausschließlich der Förderung des Immobilienerwerbs, sondern vielmehr dem Aufbau eines Vermögens zur Alterssicherung. Mit dieser Zulage werden Arbeitnehmer gefördert, deren Jahreseinkommen unterhalb der sog. Fördergrenze von derzeit 17.900 € bei Ledigen und 35.800 € bei Ehegatten liegt. Gewährt wird diese Förderung bereits für unbeschränkt steuerpflichtige Arbeitnehmer ab 16 Jahre. Auch wenn diese Arbeitnehmer noch im Haushalt der Eltern leben, wird das Einkommen der Eltern bei der Ermittlung der Fördergrenzen nicht berücksichtigt. Gefördert werden Anlagen in sog. Produktivvermögen, wie z. B. Aktienfonds, aber auch in Bausparverträge. Voraussetzung ist jedoch, dass die geförderten Personen von ihren Arbeitgebern vermögenswirksame Leistungen erhalten, die auf einen Bausparvertrag überwiesen werden. Sieht der Arbeitsvertrag keine (zusätzlichen) vermögenswirksamen Leistungen des Arbeitgebers vor, kann jeder Arbeitnehmer auch ein Teil des Gehalts direkt als vermögenswirksame Leistungen z. B. in einen Bausparvertrag einzahlen lassen. Auf diese vermögenswirksamen Leistungen wird eine staatliche Prämie von 9 % (18 % bei Anlage in Aktienfonds) gewährt. Der geförderte Betrag ist begrenzt auf 470 € bei Ledigen und 940 € bei einem Ehepaar (mit 2 Arbeitnehmern). Die Sparsumme muss allerdings in ein Eigenheim fließt.

▶ Was ist die Wohnungsbauprämie?

Die Wohnungsbauprämie ist eine Leistung des Staates, mit der Sparleistungen eines Arbeitnehmers in einen Bausparvertrag, aber auch für den Ersterwerb von Anteilen an Bau- und Wohnungsgenossenschaften, Wohnbausparverträgen sowie Baufinanzierungsverträgen gefördert werden. Jeder unbeschränkt Steuerpflichtige hat grundsätzlich Anspruch auf diese Wohnungsbauprämie, sofern mindestens 50 € jährlich auf den Vertrag eingezahlt werden und das zu versteuernde Jahreseinkommen bestimmte Grenzen (17.900/ 35.800 € für Alleinstehende bzw. Ledige) nicht übersteigt. Die Wohnungsbauprämie wird neben der Arbeitnehmersparzulage gewährt.

III. Eigentümerversammlung

1. Wie wird eine Eigentümerversammlung vorbereitet

▶ Welche Funktion hat die Wohnungseigentümerversammlung?

Die Wohnungseigentümerversammlung bildet das eigentliche Herz einer Wohnungseigentümergemeinschaft. In dieser Versammlung entscheiden die Mitglieder über die Verwaltung des gemeinschaftlichen Eigentums, also welche Maßnahmen zu welchem Zeitpunkt ergriffen werden müssen. In der Wohnungseigentümerversammlung werden die notwendigen Vereinbarungen und Beschlüsse vorbereitet und getroffen. Die Versammlung dient jedoch auch dem Austausch zwischen den Wohnungseigentümern und dem Verwalter. Der Verwalter muss die Wohnungseigentümer spätestens in der Versammlung über wichtige Entwicklungen informieren.

▶ Wie oft findet die Wohnungseigentümerversammlung statt?

Die Wohnungseigentümerversammlung muss mindestens einmal im Jahr zusammentreten. Zusätzlich müssen Versammlungen stattfinden, wenn die ordnungsmäßige Verwaltung des Gemeinschaftseigentums dies erforderlich macht. Unabhängig von diesem gesetzlich vorgeschriebenen Turnus muss jedoch eine Versammlung einberufen werden, wenn entweder die Wohnungseigentümer vereinbart haben, in bestimmten Fällen eine Versammlung einzuberufen, oder wenn mehr als ein Viertel der Wohnungseigentümer unter Angabe von Gründen schriftlich verlangen, dass eine Versammlung einberufen wird.

▶ Wer beruft die Versammlungen ein?

Die Versammlungen werden vom **Verwalter** (vgl. S. 81 ff.) der Eigentümergemeinschaft einberufen. Ist der Verwalter bereits ausgeschieden oder von der Versammlung abberufen, ist er nicht berechtigt, die Eigentümerversammlung einzuberufen. Dennoch sind auf der Versammlung getroffene Beschlüsse wirksam, sofern sie nicht angefochten und für unwirksam erklärt wurden.

Hat die Gemeinschaft keinen Verwalter mehr, kann die Versammlung auch vom **Vorsitzenden des Verwaltungsbeirats** (vgl. S. 108 ff.) oder seinem Vertreter einberufen werden. Dazu muss die Gemeinschaft jedoch einen Verwaltungsbeirat gewählt haben. Einzelne **Mitglieder der Gemeinschaft** dürfen die Versammlung grundsätzlich nicht einberufen, auch nicht für den Fall, dass ein Verwalter seine Pflicht zur Einberufung und Durchführung der Versammlung nicht erfüllt und kein Verwaltungsbeirat besteht. Allerdings können die Wohnungseigentümer in ihrer Teilungserklärung (vgl. S. 21) bzw. Gemeinschaftsordnung (vgl. S. 24) einzelne Mitglieder der Gemeinschaft ermächtigen, die Versammlung einzuberufen. Zudem können einzelne Eigentümer durch ein Gericht ermächtigt werden, die Versammlung einzuberufen.

Und wenn der Verwalter sich weigert?

Wenn der Verwalter sich weigert, eine Eigentümerversammlung einzuberufen, kann jeder Wohnungseigentümer einen Gerichtsbeschluss erwirken, dass der Verwalter die Wohnungseigentümerversammlung einberuft. Auch über die Tagesordnung kann auf diese Weise beschlossen werden. Das Gericht kann allerdings auch ein Mitglied der Gemeinschaft ermächtigen, die Versammlung einzuberufen und zu leiten, und nötigenfalls weitere Einzelheiten des Ablaufs der Versammlung regeln. Grundsätzlich kann jedes Mitglied der Wohnungseigentümergemeinschaft einen entsprechenden Antrag stellen.

Wer nimmt an den Versammlungen teil?

Wohnungseigentümerversammlungen sind nicht-öffentliche Veranstaltungen. Teilnehmen dürfen – neben dem Verwalter – grundsätzlich nur die im Grundbuch (vgl. S. 8) eingetragenen Wohnungseigentümer. Steht das Wohnungseigentum mehreren Eigentümern gemeinschaftlich zu, sind alle Miteigentümer einzuladen. Erwerber von Wohnungseigentum (vgl. S. 144 ff.) sind grundsätzlich erst dann zu den Versammlungen einzuladen, wenn sie im Grundbuch als Eigentümer eingetragen sind, unabhängig davon, ob eine Vormerkung zu ihren Gunsten besteht. Auch eine Vereinbarung im Kaufvertrag, dass der Erwerber den bisherigen Eigentümer in der Versammlung vertreten soll, hat nur Bestand, wenn in Teilungserklärung (vgl. S. 21) bzw. Gemeinschaftsordnung (vgl. S. 24) keine Vertretungsbeschränkung vorgesehen ist.

Inwieweit Wohnungseigentümer Berater zu den Versammlungen hinzuziehen dürfen, muss für jede Versammlung einzeln überprüft werden. Die Gemeinschaft kann jedoch vereinbaren, dass weder eine **Begleitung** noch eine **Vertretung** in den Versammlungen zulässig ist. Auch ohne eine solche Vereinbarung sind Dritte ausgeschlossen, da Wohnungseigentümerversammlungen grundsätzlich nicht-öffentlich sind. Besteht keine Vereinbarung, kann durch einen Antrag zur Geschäftsordnung eine entsprechende Entscheidung herbeigeführt werden. Der Verwalter ist allerdings berechtigt, bei wichtigen Themen sachverständige Berater zu den Versammlungen hinzuzuziehen. Wohnungseigentümer sind ebenfalls berechtigt, Dritte hinzuzuziehen, wenn dafür wichtige Gründe bestehen, z. B. bei außerordentlichen schwierigen Beschlussangelegenheiten, unter Umständen auch bei besonderer Gebrechlichkeit. Ob die Gründe schwerwiegend genug sind, um das Recht der anderen Wohnungseigentümer auf Wahrung der Nichtöffentlichkeit außer Kraft zu setzen, kann und muss im Zweifel von einem Gericht geprüft werden.

Was ist bei der Einladung zu beachten?

Zur Wohnungseigentümerversammlung muss schriftlich (in Textform) eingeladen werden, wobei die Einladung neuerdings nicht mehr unterschrieben werden muss. Die Einladungsfrist nach der Reform des Wohnungseigentumsgesetzes beträgt mindestens zwei Wochen; nach altem Recht war lediglich eine Frist von einer Woche einzuhalten. In Fällen besonderer Dringlichkeit kann die Frist auch unterschritten werden. Die Einladung muss neben Ort und Datum auch die Tagesordnung enthalten.

Grundsätzlich muss die Versammlung in der Nähe der Wohnungseigentumsanlage zu einer normalen und zumutbaren Zeit stattfinden. Der gewählte Zeitpunkt muss berücksichtigen, dass Eigentümer berufstätig sind, und so gewählt sein, dass auch sie teilnehmen können. Der Verwalter muss bei der Terminfestlegung die persönliche Situation der Eigentümer abwägen. Damit kann ein Termin an einem Werktag um 10.00 Uhr vormittags ebenso unzulässig sein wie ein Sonntagmorgen vor 11.00 Uhr. Doch auch ein ungewöhnlicher Zeitpunkt gefährdet nur dann die gefassten Beschlüsse, wenn dadurch die Aussprache und die Abstimmung beeinträchtigt werden. Auf dieser Grundlage können die Beschlüsse angefochten und für ungültig erklärt werden.

Die **Tagesordnung** muss die zu treffenden Beschlüsse nennen, muss sie jedoch nicht erläutern. Dadurch soll gewährleistet werden, dass sich jeder Eigentümer entsprechend vorbereiten kann und vor Überraschungen geschützt ist. Daher dürfen auch unter dem Tagesordnungspunkt „Verschiedenes" keine Beschlussgegenstände versteckt werden. Sollte trotz fehlender Nennung in der Tagesordnung ein Beschluss gefasst werden, hat er durchaus Bestand, wenn er nicht angefochten und für ungültig erklärt wird. Das Gleiche gilt für Beschlussfassungen zu Tagesordnungspunkten, die am Ende einer langen Tagesordnung gegen Ende der Versammlung getroffen werden, wenn viele Wohnungseigentümer z. B. aufgrund der fortgeschrittenen Zeit die Versammlung bereits verlassen haben.

▶ Können Versammlung gleichzeitig für mehrere Eigentumswohnanlagen durchgeführt werden?

Grundsätzlich müssen Versammlungen getrennt für die einzelnen Wohnungseigentümergemeinschaften durchgeführt werden. Doch gibt es Anlagen, die zwar als einheitliche Gemeinschaft behandelt werden, die jedoch aus mehreren Häusern bestehen. Es handelt sich um sogenannte Mehrhausanlagen. Für diese Anlagen darf die Versammlung gemeinsam durchgeführt werden. Zulässig sind selbstverständlich auch getrennte Versammlungen bzw. getrennte Beschlussfassungen, solange es um Fragen geht, die nur eines der Häuser der Anlage betreffen. Die Teilungserklärung bzw. Gemeinschaftsordnung kann jedoch grundsätzlich vorsehen, dass die Häuser getrennt verwaltet werden, dann müssen auch die Versammlungen getrennt durchgeführt werden.

2. Durchführung

▶ Wer leitet die Wohnungseigentümerversammlung?

Den Vorsitz in der Wohnungseigentümerversammlung übernimmt der Verwalter oder ein Angestellter des Verwalters als Erfüllungsgehilfe. Die Teilungserklärung bzw. Gemeinschaftsordnung (vgl. S. 21/24) der Gemeinschaft kann jedoch bereits vorsehen, dass die Versammlung von einer anderen Person, z. B. vom Vorsitzenden des Beirats (vgl. S. 108ff.), geleitet wird. Zudem kann die Versammlung einen anderen Vorsitzenden wählen. Grundsätzlich kann nur ein Mitglied der Wohnungseigentümergemeinschaft zum Vorsitzenden gewählt werden, denn die Versammlung ist i. d. R. nicht-öffentlich, so dass Dritte nur in Ausnahmefällen an der Versammlung teilnehmen können. Der Vorsitzende leitet die Versammlung, stellt die Beschlussergebnisse fest und gibt sie bekannt.

▶ Gibt es eine Geschäftsordnung?

Die Wohnungseigentümergemeinschaft kann sich für ihre Versammlungen eine Geschäftsordnung geben. Die Geschäftsordnung legt alle formalen Regeln fest, etwa wer die Versammlung leitet oder ob Dritte, also z. B. Familienangehörige, Käufer oder Berater, an der Versammlung teilnehmen dürfen. Auch andere Fragen können geregelt werden, z. B. ob offen oder geheim abgestimmt wird, ob die Redezeit begrenzt wird oder ob Tonbandaufnahmen zulässig sind. Eine solche Geschäftsordnung kann durch einen einfachen Mehrheitsbeschluss aufgestellt werden. Sie kann zwar für eine einzige Versammlung erarbeitet werden, doch ist sie in der Regel für sämtliche Versammlungen verbindlich. Regelt die Gemeinschaft diese stets wiederkehrenden Fragen in einer Geschäftsordnung, lassen sich immer wiederkehrende Diskussionen über organisatorische Fragen und den Versammlungsablauf vermeiden.

▶ Wann ist eine Wohnungseigentümerversammlung beschlussfähig?

Nur wenn die Wohnungseigentümerversammlung beschlussfähig ist, kann sie rechtskräftige Beschlüsse fassen. Dazu müssen die anwesenden oder vertretenen stimmberechtigten Wohnungseigentümer mindestens die Hälfte der Miteigentumsanteile repräsentieren. Allerdings kann die Teilungserklärung bzw. Gemeinschaftsordnung (vgl. S. 21/24) von dieser gesetzlichen Regelung abweichen und z. B. festlegen, dass jede Versammlung beschlussfähig ist, unabhängig davon, wieviele Wohnungseigentümer anwesend sind. Die Grenze zur Beschlussfähigkeit kann grundsätzlich bei jedem Quorum festgesetzt werden. Ob die Versammlung beschlussfähig ist, stellt der Vorsitzende zu Beginn jeder Versammlung fest. Zur Berechnung greift er auf die eingetragenen Miteigentumsanteile der Eigentümer zurück. Stellt er fest, dass die Versammlung nicht beschlussfähig ist, muss die Versammlung erneut einberufen werden. Trifft die Wohnungseigentümergemeinschaft jedoch Beschlüsse, ohne beschlussfähig zu sein, sind diese Beschlüsse nur unwirksam, wenn sie angefochten und von einem Gericht für unwirksam erklärt worden sind. Sonst muss sie jeder Wohnungseigentümer gegen sich gelten lassen.

▶ Wie wird die zweite Versammlung einberufen?

Muss eine Zweitversammlung einberufen werden, gelten die gleichen Formvorschriften wie bei der Einberufung der ersten Wohnungseigentümerversammlung. Die Zweitversammlung ist unabhängig von der Anzahl der anwesenden/vertretenen Wohnungseigentümer beschlussfähig. Grundsätzlich ist es nicht zulässig, dass gleichzeitig mit der regulären Eigentümerversammlung die Zweitversammlung einberufen wird (Eventualeinladung). Solche Eventualeinladungen legen den Termin häufig 15 oder 30 Minuten nach dem Beginn der regulären Mitgliederversammlung fest. Doch darf die Zweitversammlung erst dann einberufen werden, wenn feststeht, dass die reguläre Versammlung beschlussunfähig ist. Trotz einer eventuell formal fehlerhaften Einladung sind getroffene Beschlüsse dennoch wirksam, so sie nicht angefochten werden. Zudem können Teilungserklärung bzw. Gemeinschaftsordnung (vgl. S. 21/24) auch solche Eventualeinladungen zulassen.

Wie errechnen sich die Stimmrechte der Eigentümer?

Die Wohnungseigentümerversammlung stimmt über die einzelnen Punkte der Tagesordnung ab. Dabei hat grundsätzlich jeder Eigentümer eine Stimme (Kopfstimmrecht). Von der gesetzlichen Regelung des Kopfstimmrechts kann die Eigentümerversammlung abweichen und eine andere Regelung in der Teilungserklärung bzw. Gemeinschaftsordnung (vgl. S. 21/24) treffen. Dieser Vereinbarung müssen alle Eigentümer zustimmen, sie muss zudem im Grundbuch eingetragen werden. Grundsätzlich kann das Stimmrecht sich auch nach der Höhe der Miteigentumsanteile (Wertprinzip) oder nach der Anzahl der Wohnungen (Objektprinzip) richten. Je nachdem wieviele Miteigentumsanteile oder Wohnungen sich bei den einzelnen Eigentümern vereinigen, können daher einige wenige oder sogar ein einzelner Eigentümer eine Wohnungseigentümerversammlung majorisieren. Erwerber von Wohnungseigentum haben erst dann ein Stimmrecht, wenn sie in das Grundbuch (vgl. S. 78) eingetragen sind. Miteigentümer können ihr Stimmrecht nur gemeinsam ausüben. Nimmt nur einer von mehreren Miteigentümern an der Versammlung teil, benötigt er keine Vollmacht der anderen Miteigentümer, um das Stimmrecht auszuüben.

Kann ein Eigentümer von seinem Stimmrecht ausgeschlossen werden?

Ein Wohnungseigentümer kann vom Stimmrecht in der Versammlung ausgeschlossen sein, wenn es zu einer Interessenkollision kommt. Einen solchen Stimmrechtsausschluss sieht das **Wohnungseigentumsgesetz** nur in drei Fällen vor:

1. Will die Gemeinschaft ein Rechtsgeschäft mit einem Mitglied der Wohnungseigentümergemeinschaft vornehmen, das sich auf die Verwaltung des gemeinschaftlichen Eigentums bezieht, ist der betroffene Eigentümer nicht stimmberechtigt. Davon ist auch auszugehen, wenn der Vertrag zwar nicht mit dem Wohnungseigentümer selbst geschlossen wird, er jedoch sehr eng persönlich oder wirtschaftlich mit dem Vertragspartner verbunden ist. Dabei kann es sich bspw. um einen Auftrag handeln, mit dem Instandhaltungs- oder Instandsetzungsmaßnahmen durchgeführt werden.

2. Soll ein Rechtsstreit der Gemeinschaft mit einem Eigentümer eingeleitet oder erledigt werden oder soll ihm das Wohnungseigentum rechtskräftig entzogen werden, ist er nicht stimmberechtigt.
3. Auch wenn über die Entlastung des Verwalters abgestimmt werden soll, der gleichzeitig Eigentümer ist, darf er nicht mitstimmen. Anders wird dies i. d. R. gesehen bei Abstimmungen über die Bestellung und Abberufung eines Verwalters, der gleichzeitig Miteigentümer ist. Übt der Eigentümer/Verwalter Stimmrechtsvollmachten von Miteigentümern aus, sind auch diese Vollmachten vom Ausschluss betroffen. Er kann jedoch wiederum Dritte bevollmächtigen, die Stimmrechte auszuüben (Untervollmacht).

In der **Teilungserklärung bzw. Gemeinschaftsordnung** (vgl. S. 21/24) kann vereinbart werden, wann das **Stimmrecht ruht**. Typischerweise wird eine solche Regelung getroffen für den Fall, dass Hausgeldrückstände eines Wohnungseigentümers eine bestimmte Höhe überschreiten. Sobald die Rückstände ausgeglichen bzw. andere in Teilungserklärung und/oder Gemeinschaftsordnung vorgesehene Tatbestände ausgeräumt sind, lebt das Stimmrecht wieder auf. Obwohl solche Vereinbarungen grundsätzlich zulässig sind, dürfen sie nicht zu eng gefasst sein und dürfen grundsätzlich nur dann greifen, wenn der Eigentümer seine Pflichten ernstlich verletzt hat und dies auf sein Verschulden zurückzuführen ist.

▸ Kann sich ein Eigentümer bei den Versammlungen vertreten lassen?

Grundsätzlich kann sich jeder Eigentümer bei den Versammlungen vertreten lassen und sein Stimmrecht zu diesem Zweck bspw. auf seinen Ehegatten, auf Rechtsanwälte oder einen Mieter übertragen. Doch kann dieses Recht durch eine Vereinbarung der Wohnungseigentümergemeinschaft in der Teilungserklärung beziehungsweise Gemeinschaftsordnung eingeschränkt werden. In der Regel beschränkt sich der Kreis der Vertretungsberechtigten dann auf andere Wohnungseigentümer, Familienangehörige oder den Verwalter. Mit Vorsicht sollten jedoch Vereinbarungen betrachtet werden, die das Stimmrecht in Vertretung grundsätzlich dem Verwalter zuordnen. Denn dadurch erhält der Verwalter schnell eine

Stimmenmehrheit, die ihm erlaubt, die Entscheidungen der Versammlung zu dominieren. Die Möglichkeit, sich vertreten zu lassen, darf nicht ganz ausgeschlossen sein, damit nicht einzelne Miteigentümer unzumutbar benachteiligt werden, wenn sie z. B. wegen ihres Alters, einer Krankheit oder anderen besonderen Umständen nicht (mehr) an den Versammlungen teilnehmen können. Der Wohnungseigentümer muss seinen Vertreter mit einer entsprechenden Vollmacht ausstatten. Stimmt der Vertreter anders ab, als dies im Sinne des Wohnungseigentümers ist, bleibt der Wohnungseigentümer an die Beschlüsse gebunden, er kann sie nicht anfechten. Die Teilungserklärung bzw. Gemeinschaftsordnung kann vorsehen, dass nicht anwesende und nicht vertretene Eigentümer grundsätzlich vom Verwalter vertreten werden. Ist ein Wohnungseigentümer vom Stimmrecht ausgeschlossen oder ruht dieses Recht, kann er dies nicht dadurch umgehen, dass er sich in der Versammlung vertreten lässt. Der Vertreter hat folgerichtig kein Stimmrecht.

3. Beschluss und Vereinbarung

▸ Wie regeln die Wohnungseigentümer ihre gemeinschaftlichen Angelegenheiten?

Das Miteinander der Wohnungseigentümer wird zum Teil durch die gesetzlichen Bestimmungen geregelt. Zusätzlich bestimmt sich das Miteinander der Eigentümer durch die Regelungen von Teilungserklärung bzw. Teilungsvertrag und Gemeinschaftsordnung (vgl. S. 21/24). Diese Regelwerke werden gewöhnlich zu Beginn der Eigentümergemeinschaft einvernehmlich aufgestellt. Doch diese Grundregeln können verändert werden. Zudem müssen immer wieder Entscheidungen über Angelegenheiten getroffen werden, die die Wohnanlage oder das Miteinander der Wohnungseigentümer beeinflussen. Auch gegenüber Dritten muss die Gemeinschaft tätig werden und dazu eine Meinung finden und äußern. Für diese Veränderung der Grundregeln sowie die Entscheidungsfindung der Wohnungseigentümer hat der Gesetzgeber die beiden Instrumente Beschluss und Vereinbarung eingeführt.

Was ist eine Vereinbarung?

Vereinbarungen sind Regelungen, durch die Wohnungseigentümer ihre Rechtsbeziehung zueinander abweichend oder ergänzend von den Vorschriften des Wohnungseigentumsgesetzes festlegen und so ihr Verhältnis untereinander für die Zukunft bestimmen. Dies kann sowohl bei der Begründung des Wohnungseigentums geschehen als auch zu einem späteren Zeitpunkt. Durch Vereinbarungen kann die Gemeinschaft auch Regelungen der Teilungserklärung bzw. der Gemeinschaftsordnung (vgl. S. 21/24) ändern. Grundsätzlich können durch eine Vereinbarung Fragen des Sondereigentums, des Miteigentums an gemeinschaftlichen Flächen, Gegenständen, Einrichtungen oder die Mitgliedschaftsrechte in der Gemeinschaft geregelt werden. Die Wohnungseigentümer können beispielsweise vereinbaren, dass der Abrechnungsturnus der Gemeinschaft auf zwei Jahre verlängert wird oder dass eine Einladung zu einer Wohnungseigentümerversammlung (vgl. S. 61 ff.) als zugegangen gilt, wenn der Verwalter sie an die zuletzt genannte Adresse des Eigentümers geschickt hat. Vereinbarungen können jedoch nicht getroffen werden, um sog. unabdingbare Vorschriften des Gesetzes zu ändern. So kann z. B. nicht durch eine Vereinbarung bestimmt werden, dass ein Sondereigentum auch ohne Miteigentumsanteil veräußert werden kann.

Wie kommt eine Vereinbarung zustande?

Vereinbarungen werden gemeinsam von allen Wohnungseigentümern getroffen. Dies kann während einer Versammlung, aber auch außerhalb geschehen. Der Vereinbarung muss ausdrücklich zugestimmt werden, d. h. Schweigen oder fehlende Widersprüche gelten nicht als Zustimmung. Eine Vereinbarung wird grundsätzlich auch nicht dadurch getroffen, dass bestimmte Regelungen über längere Zeit hinweg anders ausgeübt werden, z. B. der Abrechnungsturnus ohne weitere Diskussionen von einem auf zwei Jahre umgestellt wird. Die Wohnungseigentümer müssen darüber bewusst entscheiden oder zumindest die gewünschte Änderung kennen und für die Zukunft hinnehmen. Soll die Vereinbarung auch gegenüber Sondernachfolgern gelten, also z. B. gegenüber dem späteren Erwerber einer Eigentumswohnung, muss die Vereinbarung im Grundbuch eingetragen werden. Ohne eine solche Eintragung bindet die Vereinbarung lediglich die beteiligten Wohnungseigentümer. Sie wird hinfällig, wenn Sondernachfolger in die Gemeinschaft eintreten, also Wohnungseigentum verkauft wird (vgl. S. 144).

Vereinbarungen können zu einem späteren Zeitpunkt erneut geändert werden, die Eigentümer müssen jedoch eine erneute Vereinbarung treffen, ein Mehrheitsbeschluss reicht dazu nicht aus. Diese Regelung wurde durch die Reform des Wohnungseigentumsrechts aufgeweicht. Bestimmte Vereinbarungen, wie z. B. über die Kostenverteilungsschlüssel (vgl. S. 99), können die Eigentümer nun durch einen Mehrheitsbeschluss ändern.

In Zukunft muss jeweils geprüft werden, ob das Gesetz eine Änderung der Vereinbarung durch Beschlussfassung zulässt. Nach bisherigem Recht müssen zudem Grundpfandrechtsgläubiger einer Vereinbarung oder ihrer Änderung zustimmen, wenn ihre Rechte betroffen sind. Die Zustimmung war damit z. B. notwendig bei Vereinbarungen über Veräußerungsbeschränkungen, Zweckbestimmungen oder Dienstbarkeiten. Dies wird nach der neuen Rechtslage nun beschränkt auf die Fälle, in denen ein Sondernutzungsrecht begründet wird oder ein solches Sondernutzungsrecht aufgehoben, geändert oder übertragen wird.

▶ Gibt es einen Anspruch auf Änderung einmal getroffener Vereinbarungen?

Nach bisher geltendem Recht existierte ein Anspruch auf Änderung nur, wenn außergewöhnliche Umstände es als grob unbillig erscheinen lassen, dass an der geltenden Vereinbarung festgehalten wird und somit gegen Treu und Glauben verstoßen wird. Damit war ein Anspruch auf Änderung nur sehr schwer durchsetzbar. Die Anforderungen werden nun durch die WEG-Novelle gesenkt. Es müssen schwerwiegende Gründe vorliegen, die es unter Berücksichtigung aller Umstände des Einzelfalls als unbillig erscheinen lassen, an den geltenden Vereinbarungen festzuhalten. Damit dürften Zweckbestimmungen oder Stimmrechtsänderungen in Zukunft leichter durchzusetzen sein. Diese Erleichterungen gelten jedoch nicht für die Zuordnung bzw. Abgrenzung von Sonder-

und Gemeinschaftseigentum bzw. die Änderung der Miteigentumsanteile.

Was kann durch einen Beschluss entschieden werden?

Anders als die Vereinbarung regeln Beschlüsse der Eigentümergemeinschaft nicht die Grundsätze des Miteinanders der Wohnungseigentümer. Sie beziehen sich vielmehr auf einzelne Sachverhalte der ordnungsgemäßen Verwaltung (vgl. S. 83 ff.) bzw. des ordnungsgemäßen Gebrauchs, die durch einen Beschluss der Eigentümer entschieden werden sollen und können. Regeln können die Wohnungseigentümer zunächst im WEG bezeichnete, aber auch durch eine Vereinbarung bestimmte Angelegenheiten. Je nachdem, um welche Angelegenheiten es sich handelt, benötigen Beschlüsse eine einfache bzw. qualifizierte Mehrheit oder sogar die Einstimmigkeit in der Wohnungseigentümerversammlung. Ob eine Abstimmung mündlich, schriftlich, geheim oder offen stattfindet, kann die Teilungserklärung bzw. Gemeinschaftsordnung oder auch eine Geschäftsordnung der Wohnungseigentümerversammlung regeln. Existiert keine entsprechende Regelung, kann die Wohnungseigentümerversammlung (vgl. S. 61) darüber per Mehrheitsbeschluss entscheiden.

Wann reicht ein Mehrheitsbeschluss?

Sämtliche **Angelegenheiten der ordnungsmäßigen Verwaltung** können durch einen einfachen Mehrheitsbeschluss geregelt werden, wie z. B. die Bestellung des Verwalters (vgl. S. 82), eine zeitliche Begrenzung des Musizierens im Sondereigentum oder das Anbringen von Balkonkästen über Gehwegen oder Einfahrten. Eine (einfache) Mehrheit in der Wohnungseigentümerversammlung wird dann erreicht, wenn mehr als die Hälfte der abgegebenen Stimmen für einen Beschluss stimmen. Das Stimmrecht kann sich nach der Höhe der Miteigentumsanteile, der Zahl der Köpfe oder der Zahl der Wohnungen richten (vgl. S. 66). Ob eine Mehrheit erreicht wurde, bestimmt sich nach der Anzahl der erschienenen bzw. vertretenen Wohnungseigentümer, Stimmenthaltungen werden nicht gezählt. In beiden Fällen kann die Gemeinschaft etwas anderes vereinbaren.

Die Wohnungseigentümer können vereinbaren, dass mehrheitliche Beschlüsse nicht der einfachen Mehrheit, sondern einer qualifizierten Mehrheit, in der Regel Zweidrittel oder Dreiviertel der abgegebenen Stimmen, bedürfen.

▶ Wann muss der Beschluss einstimmig sein?

Will eine Wohnungseigentümergemeinschaft über Angelegenheiten entscheiden, die über die ordnungsmäßige Verwaltung oder über den ordnungsmäßigen Gebrauch hinausgehen, müssen solche **Beschlüsse einstimmig** sein. Einstimmige Beschlüsse sind insbesondere bei baulichen Veränderungen notwendig. Durch einen einstimmigen Beschluss kann grundsätzlich auch die Tierhaltung ausgeschlossen werden, sofern er nicht angefochten wird.

Unabhängig von Beschlüssen, die während der Wohnungseigentümerversammlung (vgl. S. 81 ff.) getroffen werden, kann die Gemeinschaft außerhalb der Versammlung schriftliche Beschlüsse fassen. Sämtliche Wohnungseigentümer müssen dem Beschluss schriftlich zustimmen. Schriftliche Beschlüsse müssen einstimmig getroffen werden. Diese Einstimmigkeit wird bei schriftlichen Beschlüssen auch für solche Angelegenheiten verlangt, über die ansonsten durch einen Mehrheitsbeschluss entschieden werden kann. Von dieser gesetzlichen Vorgabe können die Wohnungseigentümer nicht durch eine Vereinbarung abweichen.

▶ Was ist ein gesetzesändernder Beschluss?

Mit gesetzesändernden Beschlüssen will die Gemeinschaft von gesetzlichen Regeln abweichen. Das Wohnungseigentumsgesetz sieht diese Möglichkeit zwar grundsätzlich vor, z. B. bei der Festlegung des Stimmrechts. Doch verlangt das Gesetz dazu eine Vereinbarung; ein Mehrheitsbeschluss reicht nicht aus. Demnach sind gesetzesändernde Beschlüsse nichtig.

▶ Können Vereinbarungen durch Beschlüsse geändert werden?

Vereinbarungen oder Regelungen in Teilungserklärung und Gemeinschaftsordnung, die Vereinbarungen entsprechen, konnten bislang nicht durch (vereinbarungsändernde) Beschlüsse geändert werden. Auch ein einstimmiger Beschluss reichte dazu nicht aus. Grundsätzlich musste eine neue Vereinbarung mit dem gewünschten Inhalt getroffen werden. Beschloss die Gemeinschaft dennoch eine Änderung, war dieser Beschluss nichtig.

Nach der Reform des Wohnungseigentumsrechts gilt diese Regel nicht mehr in dieser strikten Form. Der Gesetzgeber lässt z. B. zukünftig zu, dass Vereinbarungen über die Lasten- und Kostenverteilung (vgl. S. 98) unter bestimmten Bedingungen auch durch einen Mehrheitsbeschluss geändert werden können. Daher ist in Zukunft stets zu prüfen, inwieweit die Änderung einer Vereinbarung durch einen Beschluss zulässig ist.

▶ Was ist ein vereinbarungsersetzender Beschluss?

Entscheidet die Gemeinschaft über Fragen, die über den ordnungsgemäßen Gebrauch, die ordnungsgemäße Verwaltung oder die ordnungsgemäße Instandhaltung und Instandsetzung hinausgehen wie z. B. ein Tierhaltungsverbot, ist grundsätzlich eine Vereinbarung oder ein einstimmiger Beschluss notwendig. Wird der Beschluss mit Mehrheit getroffen, handelt es sich um einen vereinbarungsersetzenden Beschluss. In diesen Fällen kann ein Mehrheitsbeschluss tatsächlich die an sich notwendige Vereinbarung ersetzen, sofern der Beschluss nicht angefochten wird. Denn der Gesetzgeber räumt den Wohnungseigentümern die Möglichkeit ein, darüber einstimmig zu beschließen. Daher kann der unangefochtene Mehrheitsbeschluss für diese Regelungen rechtskräftig werden.

▶ Was beschließen „Negativbeschlüsse"?

Ein Negativbeschluss ist nichts anderes als die Ablehnung eines Antrages eines Wohnungseigentümers. Da der Antrag des Wohnungseigentümers, z. B. auf Änderung der Hausordnung, abgelehnt wurde, ändert sich für die Gemeinschaft zunächst nichts, die Rechtslage der Eigentümergemeinschaft bleibt unverändert. Der Antrag kann grundsätzlich zu einem späteren Zeitpunkt erneut gestellt werden.

▶ Wie wirken Beschlüsse der Wohnungseigentümerversammlung?

Beschlüsse der Eigentümerversammlung binden sofort alle Wohnungseigentümer, also auch diejenigen, die dem Beschluss nicht zugestimmt haben oder die bei der Beschlussfassung nicht anwesend waren.

Sie können grundsätzlich innerhalb eines Monats nach dem Datum der Beschlussfassung – nicht der Niederschrift – beim zuständigen Amtsgericht **angefochten** werden. Das Gericht kann sie für ungültig erklären. Bis zu dieser Erklärung bleiben alle Wohnungseigentümer an den Beschluss gebunden. Erklärt das Gericht den Beschluss jedoch für wirksam, gilt er fort. Ist ein Beschluss anfechtbar und wird nicht angefochten, wird er nach Ablauf der Anfechtungsfrist bestandskräftig und damit für die Wohnungseigentümer verbindlich. Der Beschluss kann dann nur durch eine spätere – anderslautende – Beschlussfassung (Zweitbeschluss) rückgängig gemacht werden. Eine spätere Anfechtung des zunächst anfechtbaren Beschlusses ist nicht mehr möglich.

▶ Wie wirken nichtige Beschlüsse?

Beschlüsse, die insbesondere gegen zwingende gesetzliche Bestimmungen, die Regelungen der Gemeinschaftsordnung bzw. der Teilungserklärung oder gegen Vereinbarungen der Wohnungseigentümergemeinschaft verstoßen, sind dagegen auch ohne Anfechtung **nichtig**. Dies muss nicht gerichtlich festgestellt werden. Daher ist beispielsweise ein Beschluss nichtig, der eine Verwaltung über den gesetzlich vorgegebenen Zeitraum von mehr als 5 Jahren hinaus bestellt oder der eine Musizierordnung mit Zeiten feststellt, die einem Musizierverbot gleichkommt. Die Nichtigkeit eines solchen Beschlusses ist grundsätzlich unabhängig davon, wann es den betroffenen Wohnungseigentümern auffällt.

▶ Wie wirken Beschlüsse bei Verstößen gegen Formvorschriften?

Beschlüsse können auch angefochten werden, wenn die Durchführung der Wohnungseigentümerversammlung (vgl. S. 61ff.) oder die Beschlussfassung (vgl. S. 72) nicht den Vorschriften entspricht, wenn also z. B. Einladungsfristen nicht eingehalten wurden oder die Tagesordnung den Beschluss nur unzureichend wiedergibt. Ohne eine fristgerechte Anfechtung binden die Beschlüsse allerdings die Wohnungseigentümer.

Was ist eine Beschluss-Sammlung?

Die Beschluss-Sammlung ist ein Instrument, dass der Gesetzgeber im Zuge der WEG-Reform eingeführt hat. Jeder Wohnungseigentümer, aber auch jeder Kaufinteressent, kann sich damit lückenlos über sämtliche Beschlüsse der Gemeinschaft informieren, ohne sämtliche Versammlungsprotokolle einsehen zu müssen. Denn anders als Vereinbarungen werden Beschlüsse nicht im Grundbuch eingetragen. Die Beschluss-Sammlung muss vom Verwalter (vgl. S. 81 ff.) geführt werden. Hat die Gemeinschaft auf die Bestellung eines Verwalters verzichtet, muss grundsätzlich der Vorsitzende der Wohnungseigentümerversammlung (vgl. S. 65) die Beschluss-Sammlung führen. Wohnungseigentümer, aber auch von ihnen ermächtigte Dritte, wie z. B. Kaufinteressenten, haben ein Einsichtsrecht. Aufzunehmen ist der Wortlaut sämtlicher Beschlüsse der Gemeinschaft, die während einer Versammlung gefasst werden. Ort und Datum der Beschlussfassung müssen in das Verzeichnis aufgenommen werden. Aus dem Wortlaut muss der Inhalt des Beschlusses erkennbar sein. Auch schriftliche Beschlüsse sind zusammen mit Ort und Datum ihrer Verkündung anzugeben. Zusätzlich müssen sämtliche gerichtliche Entscheidungen in einem Rechtsstreit nach § 43 WEG erfasst werden. Notwendig ist die Angabe der Urteilsformel, des entscheidenden Gerichts, des Datums und der Parteien. Beschlüsse und Urteile müssen fortlaufend eingetragen und nummeriert werden. Zu vermerken ist auch, wenn sie angefochten oder aufgehoben wurden, und zwar durch alle Instanzen hindurch. Führt ein Verwalter die Beschluss-Sammlung nicht, liegt ein Grund zur Abberufung vor (vgl. S. 106).

4. Protokoll

Welche Rolle spielt das Protokoll der Eigentümerversammlung?

Das Protokoll einer Wohnungseigentümerversammlung (vgl. S. 61 ff.) dient der **schriftlichen Fixierung** der in der Versammlung gefassten **Beschlüsse** und gewährleistet damit, dass die Beschlüsse auch nachgewiesen und ggf. nachgeprüft werden können. Davon zu trennen ist die Beschluss-Sammlung (vgl. S. 76), die nach der WEG-Reform geführt werden muss.

Das Protokoll muss den Wortlaut der Beschlüsse enthalten. Doch zeigt die Praxis, dass über dieses reine **Ergebnisprotokoll** hinaus weitere Informationen auch über den **Ablauf der Versammlung** sinnvoll sind. Denn zusätzliche Informationen darüber, wie die Beschlüsse zustande gekommen sind, erleichtern auch im Nachhinein das Verständnis und die Auslegung der Beschlüsse. Das Protokoll soll den Eigentümern zudem deutlich vor Augen führen, welche Beschlüsse gefasst wurden und welche rechtlichen Konsequenzen daraus entstehen. Damit wird ihnen auch eine mögliche Anfechtung erleichtert.

Welche Informationen sollte ein Protokoll enthalten?

Obwohl das Gesetz als Mindestinhalt lediglich die Beschlüsse vorsieht, besteht weitgehende Übereinstimmung darüber, dass weitere Angaben im Protokoll festgehalten werden sollten. Folgende Bestandteile sollte das Protokoll aufweisen:

- Bezeichnung der Wohnungseigentümergemeinschaft
- Ort und Datum der Eigentümerversammlung
- Vorsitzender der Versammlung
- teilnehmende Wohnungseigentümer
- Feststellung zur ordnungsgemäßen Ladung und zur Beschlussfähigkeit
- Beschlussanträge sowie Diskussionsbeiträge, die zum Verständnis notwendig sind
- Beschlusstexte
- Abstimmungsergebnisse unter Angabe der Ja- und Neinstimmen sowie der Enthaltungen sowie

- Namen der einzelnen Wohnungseigentümer bei namentlicher Abstimmung.

Gibt es weitere Formvorschriften?

Das Protokoll der Wohnungseigentümerversammlung muss unterschrieben werden, und zwar vom Versammlungsvorsitzenden, einem Wohnungseigentümer sowie dem Vorsitzenden des Verwaltungsbeirats bzw. seinem Vertreter. Die Teilungserklärung bzw. Gemeinschaftsordnung (vgl. S. 21/24) kann von diesen gesetzlichen Vorgaben abweichen. Fehlende Unterschriften führen nicht automatisch dazu, dass Beschlüsse für ungültig erklärt werden. Die Niederschrift der Eigentümerversammlung sollte möglichst zeitnah, i. d. R. spätestens eine Woche vor Ablauf der Anfechtungsfrist, fertiggestellt sein. Verstößt ein Verwalter dagegen, begeht er eine Pflichtverletzung und kann schadenersatzpflichtig werden. Das Protokoll muss nicht genehmigt werden.

Kann die Niederschrift eingesehen werden?

Alle Wohnungseigentümer müssen vom Verwalter zumindest die Möglichkeit erhalten, die Niederschrift einzusehen. Dieses Einsichtsrecht kann ein Eigentümer auf Dritte, also bspw. auf einen Mieter oder einen Kaufinteressenten übertragen. Kopien der Niederschriften muss der Verwalter nur dann allen Eigentümern zusenden, wenn dies in der Teilungserklärung bzw. Gemeinschaftsordnung (vgl. S. 21/24), durch einen Beschluss, durch den Verwaltervertrag (vgl. S. 88) oder durch langjährige Übung so vorgesehen ist. Wird eine entsprechende Regelung getroffen, sollte gleichzeitig eine Frist festgelegt werden, innerhalb der das Protokoll zugeschickt werden muss. Doch unabhängig davon kann sich jeder Eigentümer Abschriften fertigen lassen beziehungsweise verlangen, dass ihm – gegen Kostenersatz – Kopien der Protokolle übergeben werden. Umgekehrt zu diesem Einsichtsrecht der Eigentümer besteht eine Pflicht für alle Mitglieder der Wohnungseigentümerversammlung, sich über die getroffenen Beschlüsse zu informieren.

▶ Und wenn ein Protokoll fehlerhaft ist?

Werden Beschlüsse oder die Umstände, die zu diesem Beschluss führten, fehlerhaft protokolliert, haben die Wohnungseigentümer einen Anspruch darauf, dass Fehler korrigiert bzw. fehlende Passagen nachträglich protokolliert werden. Dieses Recht kann im Zweifel gerichtlich durchgesetzt werden. Allerdings setzt der Antrag auf Korrektur des Protokolls voraus, dass ein Wohnungseigentümer in seinen Rechten beeinträchtigt wird.

IV. Verwaltung der Anlage

1. Auswahl und Kontrolle des Verwalters

▶ Wer kann Verwalter werden?

Die notwendigen Eigenschaften eines Verwalters sind gesetzlich nicht definiert, derzeit existiert auch kein entsprechender Ausbildungsberuf oder gar ein Zulassungszwang bzw. ein ähnlich gearteter Befähigungsnachweis. Dennoch sollte der Verwalter gewisse persönliche und fachliche Qualifikationen mit sich bringen, um den Anforderungen der Vermögensverwaltung gerecht zu werden. Denn von seiner Qualifikation hängt es ab, dass der Wert der Anlage erhalten bleibt und dass die Gemeinschaft in ihrem Zusammenspiel funktioniert. Zum Verwalter kann grundsätzlich jede natürliche oder juristische Person, aber auch eine Personengesellschaft, nicht aber BGB-Gesellschaften, bestellt werden.

▶ Wer sucht den Verwalter aus?

Die Auswahl des Verwalters ist eine der wichtigsten Aufgaben der Wohnungseigentümer. Die Wohnungseigentümer bestellen ihn, setzen ihn also in sein Amt ein. Bei neu zu gründenden bzw. neu gegründeten Gemeinschaften sehen i. d. R. die Teilungserklärung bzw. die Gemeinschaftsordnung die Bestellung des (ersten) Verwalters vor, wobei in diesen Fällen der teilende Eigentümer (vgl. S. 1) oder die entstehende Wohnungseigentümergemeinschaft den Verwalter auswählen. In Zukunft darf der „Erstverwalter“ jedoch nur noch für höchstens drei Jahre bestellt werden. Um die Eignung eines Verwalters festzustellen, sollte zumindest die Selbstauskunft des Verwalters überprüft und Referenzen eingeholt werden. In einem persönlichen Gespräch können auch die Berufserfahrung, die betriebliche Ausstattung und Organisation, die Größe des Verwaltungsbüros und ähnliche qualitative Merkmale abgefragt werden. Aber auch der Eindruck von der Persönlichkeit des Verwalters sollte eine Rolle spielen. Ein Besuch in einer anderen Wohnanlage und in den Büroräumen runden den Gesamteindruck ab. Auf die Auswahl des Verwalters sollte viel Sorgfalt gelegt werden, auch wenn ein Verwalterwechsel später durchaus möglich ist. Denn dem Verwalter wird ein beträchtliches Vermögen anvertraut.

▸ Wie wird der Verwalter bestellt?

Der Verwalter wird von den Wohnungseigentümern bestellt, und zwar durch Mehrheitsbeschluss. Zwar sind durchaus unterschiedliche Regelungen des Stimmrechts möglich, doch kann die Gemeinschaft nicht von der gesetzlichen Vorschrift des Mehrheitsbeschlusses abweichen, auch nicht durch eine Vereinbarung. Ebenso wenig kann die Gemeinschaft vereinbaren oder beschließen, dass einzelne Wohnungseigentümer oder der Verwaltungsbeirat den Verwalter bestellen. Ein Wohnungseigentümer kann jedoch die Bestellung eines Verwalters anfechten, sofern wichtige Gründe, wie z. B. eine rechtskräftige Verurteilung wegen eines Vermögens- oder Eigentumsdelikts, vorliegen. Jeder Wohnungseigentümer kann die Bestellung eines Verwalters als Maßnahme ordnungsmäßiger Verwaltung verlangen. Fehlte der Gemeinschaft ein Verwalter oder erfüllte der bestellte Verwalter seine gesetzlichen und vertraglichen Verpflichtungen nur unzureichend, konnte nach der bisherigen Rechtslage ein Verwalter auch von einem Gericht bestellt werden (Notverwalter). Sein Amt endete mit der ordnungsgemäßen Beschlussfassung der Eigentümer über eine Verwalterbestellung. Diese Regelung ist durch die WEG-Reform nun entfallen.

▸ Warum ist die Bestellung so wichtig?

Durch die Bestellung eines Verwalters werden auf die Person des Verwalters weitreichende Rechte und Pflichte übertragen. Diese Bestellung ist an eine Person gebunden, d. h. der Verwalter kann die Verwaltung nicht ohne Zustimmung der Wohnungseigentümer auf einen Dritten übertragen. Entsprechende Vereinbarungen in Teilungserklärung oder Gemeinschaftsordnung oder im Verwaltervertrag wären unwirksam. Allerdings muss der Verwalter seine Aufgaben nicht höchst persönlich erfüllen, sondern kann andere Personen – also seine Angestellten – als sog. Erfüllungsgehilfen damit beauftragen.

Wann endet die Bestellung?

Die Wohnungseigentümer dürfen einen Verwalter für höchstens 5 Jahre bestellen. Kürzere Zeiträume sind selbstverständlich zulässig. Zur erneuten Bestellung bedarf es eines neuen Beschlusses. Automatische Verlängerungsklauseln sind nicht zulässig, vielmehr endet die Bestellung automatisch mit Ablauf des Zeitraums, wenn keine Wiederbestellung beschlossen wurde. Die Bestellung kann jedoch auch durch eine Abberufung des Verwalters enden, die wiederum von den Wohnungseigentümern beschlossen werden muss.

2. Eigen- oder Fremdverwaltung

Was ist die Verwaltung des gemeinschaftlichen Eigentums?

Die Verwaltung dient der Erhaltung des gemeinschaftlichen Eigentums, soll jedoch gleichzeitig notwendige Änderungen einleiten und natürlich auch die Nutzung des gemeinschaftlichen Eigentums erlauben. Im Grunde handelt es sich um die Führung der Geschäfte der Wohnungseigentümer bzw. der Wohnungseigentümergemeinschaft, angefangen von der Anschaffung des gemeinschaftlichen Rasenmähers bis hin zu Instandhaltungsmaßnahmen wie der Dacherneuerung. Die Verwaltung muss ordnungsgemäß geführt werden, d. h. sie muss im Dienste der Mitglieder der Gemeinschaft sein und deren Interessen an der Erhaltung des gemeinschaftlichen Vermögens und an einem geordneten Zusammenleben innerhalb der Gemeinschaft entsprechen. Zu den Maßnahmen der ordnungsmäßigen Verwaltung zählt der Gesetzgeber insbesondere

- das Aufstellen einer Hausordnung;
- die ordnungsmäßige Instandhaltung und Instandsetzung des gemeinschaftlichen Eigentums;
- die Feuerversicherung des gemeinschaftlichen Eigentums zum Neuwert sowie die angemessene Versicherung der Wohnungseigentümer gegen Haus- und Grundbesitzerhaftpflicht;

- die Ansammlung einer angemessenen Instandhaltungsrückstellung;
- die Aufstellung eines Wirtschaftsplanes;
- die Duldung aller Maßnahmen, die zur Herstellung einer Fernsprechteilnehmereinrichtung, einer Rundfunkempfangsanlage oder eines Energieversorgungsanschlusses zugunsten eines Wohnungseigentümers erforderlich sind.

Doch diese Aufzählung ist nicht abschließend. Die Maßnahmen der ordnungsmäßigen Verwaltung lassen sich grundsätzlich einteilen in kaufmännische – z. B. Hausgeldabrechnung –, technische – z. B. Instandhaltungsmaßnahmen –, und rechtliche – z. B. den Abschluss von Verträgen – Verwaltungsmaßnahmen, aber auch in solche der internen Organisation, etwa der Einberufung der Wohnungseigentümerversammlung.

▶ Wer trifft die notwendigen Entscheidungen?

Entscheidungen werden stets von den **Wohnungseigentümern** getroffen. Doch müssen diese Entscheidungen auch nach innen und außen – nach außen i. d. R. durch Verträge – vertreten werden.

Bis zum **Jahr 2005** galt die Wohnungseigentümergemeinschaft als **nicht rechtsfähig**. Konsequenz daraus war im Wesentlichen, dass die Gemeinschaft als Gemeinschaft keine Verträge abschließen konnte. Vielmehr mussten Verträge mit jedem einzelnen Wohnungseigentümer abgeschlossen werden. In der Praxis musste zwar nicht jeder Eigentümer unterschreiben. Vielmehr unterzeichnete ein Bevollmächtigter, i. d. R. der Verwalter, für alle Eigentümer. Doch sollten Ansprüche aus diesen Verträgen von dem Vertragspartner, z. B. einem Handwerker, durchgesetzt werden, musste er dazu die Eigentümer ermitteln, die im Zeitpunkt des Vertragsabschlusses Eigentümer waren. Sie blieben nämlich Vertragspartner, auch wenn sie nach Abschluss des Vertrages aus der Gemeinschaft ausgeschieden waren. Dies war besonders bei langfristig abgeschlossenen Dauerschuldverhältnissen, wie z. B. Wartungsverträgen oder dem Anstellungsvertrag des Hausmeisters, ein Problem.

Der Bundesgerichtshof hat der Wohnungseigentümergemeinschaft nun eine **Teilrechtsfähigkeit** zuerkannt, und zwar immer dann, wenn sie bei der Verwaltung des gemeinschaftlichen Eigentums am Rechtsverkehr teilnimmt, also z. B. Verträge mit Dritten schließt oder als Kläger auftritt. Typische Fälle sind Verträge mit Handwerkern oder der Heizölkauf. Damit wird immer die Wohnungseigentümergemeinschaft, auch als Verband bezeichnet, Vertragspartner, und nicht die zufällig zu diesem Zeitpunkt eingetragenen Eigentümer. Die Teilrechtsfähigkeit wird durch die Reform des Wohnungseigentumsrechts übernommen und klargestellt. Um die Wohnungseigentümergemeinschaft als Verband klar zu bezeichnen, reicht es aus, dass sie als Wohnungseigentümergemeinschaft mit dem Grundstück oder der Adresse bezeichnet wird.

▸ Wie wirkt sich die Teilrechtsfähigkeit auf Fragen innerhalb der Wohnungseigentümergemeinschaft aus?

Die Teilrechtsfähigkeit der Gemeinschaft beschränkt sich auf die Teilnahme der Gemeinschaft am Rechtsverkehr. Damit sind Fragen der Rechte und Pflichten der einzelnen Wohnungseigentümer und ihrer Durchsetzung innerhalb der Gemeinschaft grundsätzlich nicht betroffen. Dies sieht anders aus bei der Ausübung oder Wahrnehmung sogenannter gemeinschaftsbezogener Rechte und Pflichten der Wohnungseigentümer, also z. B. der Beitreibung von Zahlungsansprüchen aus Hausgeldforderungen, aber auch der Rückzahlung aus Jahresabrechnungen, Schadenersatzansprüche, Mängelansprüche oder Ansprüche auf Unterlassung von Störungen z. B. durch Tierhaltung. Diese Rechte und Pflichten standen bislang den Wohnungseigentümern zu, können nach der Normierung der Teilrechtsfähigkeit von der Eigentümergemeinschaft geltend gemacht werden. Es stehen sich der Verband der Eigentümer und die einzelnen Wohnungseigentümer gegenüber. Zusätzlich zu den Rechten und Pflichten des Verbandes können parallel dazu auch Ansprüche der einzelnen Eigentümer weiter bestehen, z. B. bei der Mängelbeseitigung oder bei Unterlassungsansprüchen. Damit muss in jedem Fall geprüft werden, wer berechtigt ist, diese Ansprüche geltend zu machen.

▸ Wer ist für die Verwaltung zuständig?

Die Verwaltung des gemeinschaftlichen Eigentums obliegt grundsätzlich den Wohnungseigentümern. Die Wohnungseigentümer treffen alle Entscheidungen, die für die Verwaltung notwendig sind. Sie sind für die Art und Weise der Verwaltung verantwortlich. Gleichzeitig sind die Eigentümer verpflichtet, an der Verwaltung des gemeinschaftlichen Eigentums mitzuwirken. „Mitwirken“ heißt zunächst nicht, dass die Eigentümer selbst Verwaltungsmaßnahmen ergreifen. Sie sollen vielmehr an den Versammlungen teilnehmen und die notwendigen Beschlüsse treffen. Wohnungseigentümer verstoßen z. B. gegen diese Mitwirkungspflicht, wenn sie nicht regelmäßig zu Versammlungen erscheinen und damit deren Beschlussfähigkeit verhindern. Die Entscheidungen der Wohnungseigentümergemeinschaft werden anschließend vom Verwalter umgesetzt, also z. B. Instandhaltungsmaßnahmen ausgeführt. Der Verwalter ist an die Entscheidungen der Wohnungseigentümergemeinschaft gebunden.

▸ Kann die Wohnungseigentümergemeinschaft sich selbst verwalten?

Eine Wohnungseigentümergemeinschaft kann sich grundsätzlich auch selbst verwalten. Allerdings dürfen die Eigentümer weder durch einen Beschluss noch durch eine Vereinbarung ausschließen, einen Verwalter zu bestellen. Ebenso dürfen sie die Bestellung des Verwalters nicht auf eine Person aus den Reihen der Wohnungseigentümer beschränken. Und dennoch muss nicht jede Eigentümergemeinschaft einen Verwalter bestellen. Gerade kleinere Gemeinschaften verzichten häufig einvernehmlich aus Kostengründen auf die Bestellung eines Verwalters und ergreifen die notwendigen Verwaltungsmaßnahmen gemeinschaftlich. Dies ist trotz der Teilrechtsfähigkeit der Gemeinschaft möglich. Die Eigentümer vertreten in diesem Fall alle gemeinsam die Gemeinschaft oder ermächtigen durch einen mehrheitlichen Beschluss einen oder mehrere Eigentümer zur Vertretung nach außen. Auch nach dem Ausscheiden eines Verwalters können es die Wohnungseigentümer unterlassen, einen neuen Verwalter zu bestellen, und sich selbst verwalten. Die Gemeinschaft kann zudem ein Mitglied der Eigentümergemeinschaft beauftragen und bevollmächtigen, die notwendigen Verwaltungsmaßnahmen durchzuführen. Fehlt jedoch der Verwalter, kann jedes Mitglied der Gemeinschaft – aber auch ein betroffener

Dritter – gerichtlich durchsetzen, dass die Gemeinschaft einen Verwalter bestellt.

Wann kommt der Fremdverwalter ins Spiel?

Üblicher als die Selbstverwaltung durch die Wohnungseigentümergemeinschaft ist jedoch die **Verwaltung der Gemeinschaft** durch einen von ihr bestellten Verwalter. Er führt die Beschlüsse der Wohnungseigentümer zur Verwaltung ihres Eigentums aus. Dabei bewegt er sich in den Grenzen, die ihm durch das Wohnungseigentumsgesetz, das BGB, die Teilungserklärung und die Gemeinschaftsordnung, spätere Vereinbarungen und Beschlüsse der Wohnungseigentümer sowie vertragliche Regelungen gesetzt werden.

Der Verwalter vertritt die Wohnungseigentümergemeinschaft als teilrechtsfähigen Verband quasi als gesetzlicher Vertreter. Er bleibt dabei aber an die Beschlüsse der Gemeinschaft gebunden. Die **WEG-Novelle** unterscheidet streng zwischen den Aufgaben des Verwalters, die sich aus seinen Pflichten dem Verband der Wohnungseigentümer gegenüber ergeben, denen, die gegenüber den Wohnungseigentümern bestehen, und solchen, die aus der internen Organisation der Gemeinschaft heraus erwachsen.

Und wenn die ordnungsgemäße Verwaltung nicht gegeben ist?

Jeder Wohnungseigentümer hat einen Anspruch darauf, dass das Gemeinschaftseigentum im Interesse der Gesamtheit der Mitglieder verwaltet wird. Dieses Recht besteht unabhängig davon, ob sich die Gemeinschaft selbst verwaltet oder ob ein Fremdverwalter bestellt wird. Wird die Verwaltung diesem Anspruch nach Ansicht eines oder mehrerer Eigentümer nicht gerecht, muss zunächst versucht werden, die notwendigen Maßnahmen in der Wohnungseigentümerversammlung durchzusetzen. Ein solcher Versuch kann z. B. darin liegen, eine Abstimmung über die Bestellung eines Verwalters (vgl. S. 82) herbeizuführen, wenn die Gemeinschaft sich selbst verwaltet (vgl. S. 86), oder in der Abstimmung über die Abberufung des bisherigen und die Bestellung eines neuen Verwalters (vgl. S. 105 ff.). Gelingt dies nicht, steht der Weg offen, notwendige Maßnahmen vor Gericht durchzusetzen.

Vom Gericht bestellter Verwalter?

Hat eine Gemeinschaft keinen Verwalter bestellt, konnte nach bisheriger Rechtslage auf Antrag eines Mitglieds der Gemeinschaft oder eines Dritten – z. B. eines Lieferanten – ein Verwalter per Gerichtsbeschluss bestellt werden, wenn der Anspruch zuvor in der Wohnungseigentümerversammlung nicht durchsetzbar war. Typischerweise wurde ein solcher Weg von einem Eigentümer gewählt, wenn ein Mehrheitsbeschluss über die Verwalterbestellung in der Versammlung nicht zustande gekommen ist oder wenn übersehen wurde, dass die Amtszeit des Verwalters (automatisch) abgelaufen ist. Diese Möglichkeit besteht nach der WEG-Reform nicht mehr. Doch können die Wohnungseigentümer auch in Zukunft auf dem Rechtsweg durchsetzen, dass die Gemeinschaft einen Verwalter bestellen muss.

3. Verwaltervertrag

Wie wird der Verwaltervertrag geschlossen?

Der Verwaltervertrag wird zwischen der Wohnungseigentümergemeinschaft (als Verband) und dem Verwalter geschlossen. Hatte die Gemeinschaft bislang noch keinen Verwalter, der den Vertrag mit dem neuen Verwalter abschließen könnte, muss die Gemeinschaft per Mehrheitsbeschluss ein oder zwei Eigentümer zur Vertretung des Wohnungseigentümerverbandes ermächtigen. Der Vertrag regelt das Rechtsverhältnis zwischen dem Verwalter und der Wohnungseigentümergemeinschaft und legt die Pflichten des Verwalters fest. Ein Vertrag muss *zusätzlich* zur Bestellung des Verwalters durch die Wohnungseigentümergemeinschaft geschlossen werden. Auch die Eigentümer, die gegen die mehrheitliche Bestellung des Verwalters gestimmt haben, werden automatisch Vertragspartner. Der Vertrag kann zwar auch mündlich geschlossen werden. Doch empfiehlt sich grundsätzlich ein schriftlicher Vertrag. Die Rechte und Pflichten des Verwalters lassen sich so klar und nachweisbar regeln und beide Seiten vermeiden auf diese Weise unnötige Schwierigkeiten in der künftigen Zusammenarbeit.

Entspricht die Vertragslaufzeit der Dauer der Bestellung?

Zwar ist es in der Praxis üblich, dass die Vertragslaufzeit und die Bestellungszeit aufeinander abgestimmt werden, doch muss dies nicht zwangsläufig so sein. Der Verwalter darf höchstens für 5 Jahre bestellt werden, auch der Vertrag darf höchstens für diesen Zeitraum geschlossen werden. Sieht der Vertrag vor, dass sich die Laufzeit ohne Kündigung automatisch um einen bestimmten Zeitraum verlängert, gilt auch in diesem Fall grundsätzlich die Höchstlaufzeit von 5 Jahren. Doch sollte der Vertrag zusätzliche Kündigungsmöglichkeiten, nicht nur für den Fall der Abberufung aus wichtigem Grund, festlegen. Damit erhalten beide Seiten die Möglichkeit, das Vertragsverhältnis an sich ändernde Anforderungen anzupassen.

Und wer verwaltet das Sondereigentum?

Der Verwaltervertrag darf nur die Verwaltung des gemeinschaftlichen Eigentums betreffen. Soll der Verwalter auch das Sondereigentum aller oder einzelner Eigentümer betreuen, muss dies grundsätzlich in einem jeweils gesonderten Vertrag festgelegt werden. Die Eigentümer können jedoch die Verwaltung des Sondereigentums zur gemeinschaftlichen Angelegenheit erklären, dann dürfen entsprechende Regelungen im Verwaltervertrag der Wohnungseigentümergemeinschaft getroffen werden.

Welche Leistungen muss der Verwalter erbringen?

Der Verwaltervertrag regelt i. W. die Leistungen, die der Verwalter zu erbringen hat. Dabei wird i. A. unterschieden zwischen den **Grundleistungen**, i. d. R. die dem Verwalter vom Gesetz her zugewiesenen Leistungen, und den sog. **Besonderen Leistungen**, die darüber hinausgehen. Während die Grundleistungen i. A. durch ein Pauschalhonorar vergütet werden, werden die Besonderen Leistungen zusätzlich honoriert. Ohne eine explizite Vereinbarung im Vertrag muss der Verwalter lediglich seine gesetzlichen Pflichten erfüllen.

Wie wird der Verwalter vergütet?

Das Honorar des Verwalters kann grundsätzlich frei vereinbart werden. Üblicherweise setzt es sich aus dem Pauschalhonorar für die Grundleistungen und zusätzlichen Zahlungen für die sog. Besonderen Leistungen zusammen. Die Höhe der Monatspauschale richtet sich i. A. nach dem Umfang der zu erbringenden Leistung, die sich nach Art und Größe der Wohnanlage, den zu verwaltenden Gemeinschaftseinrichtungen, aber auch nach Art und Umfang notwendiger Instandhaltungsmaßnahmen richtet. Um Unstimmigkeiten zu vermeiden, sollte das Verwalterhonorar im Vertrag geregelt werden. Fehlen entsprechende Vereinbarungen, gilt die sog. übliche Vergütung als vereinbart. Dazu wird i. A. die Regelung der Verwaltungskosten nach der II. Berechnungsverordnung herangezogen. In der Praxis unterscheiden sich die Pauschalen z. T. erheblich. Diese Divergenzen lassen sich zum Teil auf regionale Unterschiede, jedoch auch auf Unterschiede in den vereinbarten Leistungen und die Qualität der Leistungserfüllung zurückführen. Sondervergütungen werden z. B. vereinbart, wenn der Verwalter einer Veräußerung von Sondereigentum zustimmen muss oder Wohnungseigentümer nicht am Bankeinzugsverfahren teilnehmen. Werden zusätzliche Leistungen und dafür zu entrichtende zusätzliche Zahlungen erst nach Abschluss des Verwaltervertrages vereinbart, muss dies von den Wohnungseigentümern mehrheitlich beschlossen werden. Führt der Gesetzgeber neue gesetzliche Aufgaben ein, wie z. B. das Führen der Beschluss-Sammlung, wird ein zusätzliches Honorar i. d. R. erst bei einer Vertragsverlängerung durchsetzbar sein. Das gilt grundsätzlich auch für die Erhöhung der Verwalterpauschale.

Wie endet der Verwaltervertrag?

Der Vertrag endet i. d. R. entweder durch Zeitablauf oder durch Kündigung. Form und Frist – bei Formularverträgen maximal 3 Monate – der Kündigung sollten die Parteien im Vertrag auf jeden Fall regeln, da mit der Abberufung des Verwalters nicht zwangsläufig der Verwaltervertrag endet. Auch können bestimmte Ereignisse durchaus Anpassungen im Vertrag und unter Umständen eine vorzeitige Beendigung des Vertrages erfordern. Beide Parteien können auch vereinbaren, dass der Vertrag endet, wenn bestimmte Bedingungen eintreten, etwa wenn ein Gericht den Bestellungsbeschluss für ungültig erklärt. Die Wohnungseigentümer müssen die Kündigung mehrheitlich beschließen. Selbstverständlich können beide Vertragsparteien den Vertrag auch kündigen, wenn außerordentliche Kündigungsgründe vorliegen, beispielsweise der Verwalter insolvent wird, seine Verkehrssicherungspflichten verletzt oder gegen den Willen der Wohnungseigentümer über gemeinschaftliche Gelder verfügt. Im Wesentlichen entsprechen die Gründe für eine außerordentliche Kündigung des Verwaltervertrages denen einer vorzeitigen Abberufung. Endet der Verwaltervertrag, entfällt auch die Vertretungsmacht des Verwalters.

Wie verteilt sich die Vergütung auf die Wohnungseigentümer?

An der Verwaltervergütung sind die Wohnungseigentümer gewöhnlich im Verhältnis des Kostenverteilungsschlüssels (vgl. S. 99) beteiligt, der durch das Gesetz bestimmt ist oder den sie vereinbart haben. Nach dem gesetzlichen Kostenverteilungsschlüssel wären die Eigentümer an der Vergütung nach Miteigentumsanteilen zu beteiligen, doch können die Eigentümer auch vereinbaren, dass die Vergütung nach gleichen Anteilen auf jedes Wohnungseigentum entfällt. Dabei ist es zulässig, einen Zuschlag für vermietetes oder gewerblich genutztes Sondereigentum zu vereinbaren. Entsprechende Regelungen sind in der Teilungserklärung/Gemeinschaftsordnung (vgl. S. 21/24) festzulegen.

4. Aufgaben, Rechte und Pflichten des Verwalters

Was für Aufgaben übernimmt der Verwalter?

Zwar liegt die Verantwortung zur Verwaltung des Wohnungseigentums zunächst bei der Wohnungseigentümergemeinschaft, doch vollzieht der Verwalter diese Verwaltung in der Praxis. Nach neuester Rechtsprechung und insbesondere durch die WEG-Reform hat sich die Rolle des Verwalters verändert. Er führt die Geschäfte im Innenverhältnis und nimmt die Rechte und Pflichten der Eigentümer gegenüber den Wohnungseigentümern, aber auch gegenüber der Gemeinschaft als Verband wahr. Zu diesen Aufgaben zählen z. B. die Durchführung von Beschlüssen, die Durchführung der Hausordnung, die Verwaltung der Gelder. In Zukunft ist er zudem nicht nur berechtigt, sondern auch verpflichtet, Zahlungen und Leistungen zu veranlassen – und entgegenzunehmen –, die im Zusammenhang mit der laufenden Verwaltung des gemeinschaftlichen Eigentums bestehen – also insbesondere das Hausgeld. Zum anderen vertritt er die Wohnungseigentümer nach außen, wenn er Aufgaben erfüllt, zu denen er gegenüber den Eigentümern berechtigt ist und die ihn berechtigen, im Namen aller Eigentümer tätig zu werden und sie zu vertreten. Dazu zählen Aufgaben wie das Durchführen von Beschlüssen, aber auch die Entgegennahme von Willenserklärungen, das Geltendmachen von Ansprüchen oder die Abgabe von Erklärungen. Er vertritt zudem die Wohnungseigentümergemeinschaft als „teilrechtsfähigen Verband“, wenn er z. B. Verträge mit Handwerkern zur Durchführung von Maßnahmen zur Instandhaltung und Instandsetzung trifft, Willenserklärungen entgegennimmt oder Konten für die Gemeinschaft führt. Dabei bewegt er sich zum einen innerhalb der ihm vom Gesetzgeber zugewiesenen Aufgaben und Befugnisse – definiert durch das WEG und das BGB –, ergänzt durch die Vorgaben der Wohnungseigentümergemeinschaft, wie sie sich aus Teilungserklärung, Gemeinschaftsordnung, Beschlüssen, Vereinbarungen, aber eben auch aus dem Verwaltervertrag ergeben. Im Wesentlichen lassen sich seine Aufgaben wie folgt einteilen:

- interne Organisation der Gemeinschaft (vgl. S. 93 ff.),
  z. B. Einberufung der Wohnungseigentümerversammlung,
- Wahrung der rechtlichen Interessen der Gemeinschaft (vgl. S. 101 ff.),
  z. B. Vertragsabschluss mit Lieferanten,
- ökonomische-kaufmännische Verwaltung der Gemeinschaft (vgl. S. 95 ff.),
  z. B. Aufstellen des Wirtschaftsplans,
- technische Verwaltung der Wohnanlage (vgl. S. 103 ff.),
  z. B. Überwachung des baulichen Zustands der Gebäude.

▶ Muss der Verwalter alle Beschlüsse der Gemeinschaft vollziehen?

Der Verwalter muss grundsätzlich alle Beschlüsse der Gemeinschaft durchführen, und zwar innerhalb einer angemessenen Frist ohne zeitliche Verzögerung. Verstößt er dagegen, macht er sich zumindest schadenersatzpflichtig, wenn der Gemeinschaft oder einem Wohnungseigentümer dadurch ein Schaden entsteht. Der Verwalter ist grundsätzlich auch verpflichtet, die Beschlüsse (vgl. S. 72ff.) der Gemeinschaft zu realisieren, wenn die Beschlüsse fehlerhaft zustande gekommen sind. Allerdings muss er die Gemeinschaft sowohl auf die Fehlerhaftigkeit als auch auf die sich daraus ergebenden Anfechtungsmöglichkeiten hinweisen. Damit ist der Verwalter auch verpflichtet, auf die Ordnungsmäßigkeit der Beschlussfassung zu achten. Anderenfalls verstößt er gegen die Grundsätze der ordnungsmäßigen Verwaltung und macht sich möglicherweise schadenersatzpflichtig. Er ist allerdings auch berechtigt, fehlerhafte Beschlüsse selbst vor Gericht anzufechten. Der Verwalter muss nicht nur Beschlüsse ausführen, er muss auch Beschlüsse herbeiführen. Dies betrifft z. B. notwendige Reparatur- oder Instandhaltungs- und Instandsetzungsmaßnahmen, aber auch seine Wiederbestellung oder eine Neubestellung eines anderen Verwalters.

▶ Welche organisatorischen Maßnahmen muss der Verwalter ergreifen?

Der Verwalter muss die Wohnungseigentümerversammlung im vorgeschriebenen Turnus einberufen, sie leiten und die Beschlüsse protokollieren. Nach der WEG-Reform ist er verpflichtet, eine Beschluss-Sammlung zu führen. Zu den organisatorischen Aufgaben kann jedoch auch die Zustimmungserklärung gehören, wenn sie gemäß Teilungserklärung oder Gemeinschaftsordnung für die Veräußerung oder Vermietung von Wohnungs- oder Teileigentum benötigt wird. Der Verwalter muss auch sicherstellen, dass sämtliche Unterlagen der Gemeinschaft, die notwendig für die Verwaltung des gemeinschaftlichen Eigentums sind oder damit in Zusammenhang stehen, aufbewahrt werden. Das gilt nicht nur für die Teilungserklärung, die Gemeinschaftsordnung, die Abgeschlossenheitsbescheinigung, die Aufteilungspläne, die Niederschriften über die Beschlüsse der Wohnungseigentümergemeinschaft, Verträge und andere Unterlagen, sondern auch für die Buchführungs- und Steuerunterlagen, die zumindest gemäß den gesetzlichen Aufbewahrungsfristen zu bewahren sind.

▶ Welche Informations- und Auskunftspflichten hat der Verwalter gegenüber den Wohnungseigentümern?

Auskunftspflichtig ist der Verwalter zunächst der Wohnungseigentümerversammlung. Im Zweifel entscheidet die Versammlung mittels Mehrheitsbeschluss darüber, ob von einem Auskunftsanspruch Gebrauch gemacht werden soll. Werden Auskünfte nicht von der Wohnungseigentümergemeinschaft verlangt, hat grundsätzlich auch jeder Eigentümer ein Auskunftsrecht. Allerdings muss es sich um Fragen handeln, die für den Eigentümer von berechtigtem Interesse sind. Der Eigentümer benötigt dazu grundsätzlich keinen Beschluss der Eigentümergemeinschaft. Zudem ist der Verwalter verpflichtet, allen Wohnungseigentümern Einsicht in sämtliche Verwaltungs- und Abrechnungsunterlagen zu gewähren. Aber auch die Auskunftsrechte der Eigentümer stoßen an Grenzen. Diese Grenzen sind z. B. erreicht, wenn Auskünfte über weit zurückliegende Angelegenheiten verlangt werden, die für die künftige Tätigkeit ohne weiteren Belang sind, oder wenn der Aufwand, die Auskunft zu erteilen, in keinem vernünftigen Verhältnis zum Interesse des Eigentümers steht.

▶ Muss der Verwalter auch Vertragspartnern Auskunft erteilen?

Auch gegenüber Dritten ist der Verwalter grundsätzlich verpflichtet, Auskünfte insbesondere über Namen, Anschriften und Miteigentumsanteile zu erteilen, sofern sie diese Informationen benötigen, um Ansprüche gegen die Gemeinschaft geltend zu machen. Der Verwalter muss dabei jedoch die Interessen der Mitglieder der Eigentümergemeinschaft schützen. Mietern gegenüber gilt der Verwalter nur dann als auskunftspflichtig, wenn der Vermieter ihn dazu berechtigt hat.

5. Wirtschaftliche Verwaltung

▶ Wie wird das Finanzvermögen der Gemeinschaft verwaltet?

Zu den wichtigsten wirtschaftlichen Pflichten des Verwalters zählt die Verwaltung der gemeinschaftlichen Gelder, also des Verwaltungsvermögens der Gemeinschaft. Die Gelder fließen der Gemeinschaft aus den eingezahlten Hausgeldern inklusive der Instandhaltungsrückstellungen der Mitglieder der Gemeinschaft zu. Zudem erzielt die Gemeinschaft Einnahmen aus der Vermietung und Verpachtung des gemeinschaftlichen Eigentums. Diese Zahlungen können sich erheblich summieren. Die Gelder muss der Verwalter von seinem Vermögen, aber auch vom Vermögen anderer Gemeinschaften gesondert verwalten. Das gilt sowohl für das Barvermögen in der Kasse als auch für die gemeinschaftlichen Gelder, die auf Konten gehalten werden. Die entsprechenden Konten konnten in der Vergangenheit als **Treuhandkonten** oder als **offene Fremdkonten** auf den Namen des Verwalters oder auf den Namen der Wohnungseigentümergemeinschaft angelegt sein. Aus der Kontenbezeichnung musste deutlich hervorgehen, dass der Verwalter zwar über die Gelder verfügen kann, sie jedoch treuhänderisch für die Wohnungseigentümergemeinschaft verwaltet. Denn ohne die strenge Trennung vom Vermögen des Verwalters könnte das Kreditinstitut von einem Aufrechnungs-, Pfand- oder Zurückbehaltungsrecht Gebrauch machen, wenn der Verwalter zahlungsunfähig ist. Trotz dieser Risiken konnte die Gemeinschaft durch eine Vereinbarung dem Verwalter gestatten, die Gelder auch auf einem Eigenkonto oder einem Sammelkonto zu führen.

Nach der neuen Rechtsprechung des BGH zur Teilrechtsfähigkeit müssen die Konten wohl künftig ausschließlich auf den **Verband Wohnungseigentümergemeinschaft** geführt werden. Eine Legitimation aller Wohnungseigentümer bei der Bank ist dazu nicht notwendig. Bestehende Treuhand- oder offene Fremdkonten werden wohl zwangsweise in Konten überführt, die auf den Verband lauten.

Was ist das Vermögen der Eigentümergemeinschaft?

Das Verwaltungsvermögen der Wohnungseigentümergemeinschaft – und zwar des Verbandes – setzt sich nach der WEG-Reform zusammen aus den im Rahmen der Verwaltung des gemeinschaftlichen Eigentums erworbenen Rechten und Gegenständen und Gelder. Auch Ansprüche und Befugnisse aus Rechtsgeschäften mit Dritten und Verbindlichkeiten zählen zum Verwaltungsvermögen. Dazu zählen bspw. die Konten bei Kreditinstituten, Gegenstände wie z. B. Rasenmäher oder Spielgeräte, Einkünfte aus der Vermietung und Verpachtung des gemeinschaftlichen Eigentums und Ähnliches. Auch Sondereigentum, wie z. B. die Hausmeisterwohnung, kann zum Verwaltungsvermögen zählen. Das Verwaltungsvermögen steht der Gemeinschaft als Verband zu, damit wird auch klargestellt, dass bei einem Eigentümerwechsel kein Anspruch darauf besteht, Anteile des Verwaltungsvermögens zu entnehmen, also etwa Teile der Instandhaltungsrückstellungen an den ehemaligen Eigentümer auszuzahlen. Das Verwaltungsvermögen haftet jedoch auch für Verbindlichkeiten der Gemeinschaft, das heißt im Wege der Zwangsvollstreckung können Gläubiger auf das Verwaltungsvermögen der Gemeinschaft zugreifen.

Welche Maßnahmen zählen zur Finanzverwaltung?

Um die gemeinschaftlichen Gelder zu verwalten, kann der Verwalter Bankverträge abschließen, also Konten eröffnen, Depots anlegen, aber auch Kreditverträge eingehen. Die Tätigkeit erschöpft sich jedoch nicht allein darin, die Gelder anzusammeln. Vielmehr müssen gemeinschaftliche Gelder, die nicht für die laufende Geschäftsführung benötigt werden, rentabel und sicher angelegt werden. Hat die Gemeinschaft Beschlüsse über die Art und Weise der Geldanlage getroffen, müssen diese Beschlüsse vom Verwalter befolgt werden. Typische sichere Anlageformen sind z. B. mündelsichere Anlagen, z. B. Pfandbriefe, Wertpapiere und Schuldverschreibungen öffentlicher Körperschaften. Der Verwalter ist zudem berechtigt, Gelder im Namen der Gemeinschaft zu empfangen, wie z. B. die Hausgeldverpflichtungen, und über diese Gelder zu verfügen, also z. B. Zahlungen an Handwerker, Lieferanten oder den

Hausmeister zu veranlassen. Rechnungen müssen vom Verwalter auf ihre Richtigkeit hin überprüft werden. Dabei reicht es nicht, wenn er lediglich prüft, ob sie rechnerisch richtig sind. Er muss auch – zumindest stichprobenartig – ihre sachliche Richtigkeit prüfen. Der Verwalter kann im Übrigen unbeschränkt über die Gelder der Wohnungseigentümergemeinschaft verfügen. Die Wohnungseigentümer können von dieser gesetzlichen Regelung jedoch durch eine Vereinbarung abweichen und den Verwalter verpflichten, über die gemeinschaftlichen Gelder nur zu verfügen, wenn ein Wohnungseigentümer, der Verwaltungsbeirat oder eine dritte Person zustimmen. Anders als die Kontrollmaßnahme selbst kann über die Person, von deren Zustimmung die Verfügung abhängig gemacht werden soll, mit Mehrheitsbeschluss bestimmt werden. Über die gemeinschaftlichen Gelder und ihre Verwendung muss der Verwalter die Wohnungseigentümer spätestens in der Jahresabrechnung informieren.

Muss die Gemeinschaft Bücher führen?

Die Wohnungseigentümergemeinschaft selbst unterliegt grundsätzlich nicht der Pflicht zur Buchführung, denn sie ist nicht Kaufmann im Sinne des Handelsrechts. Doch der Verwalter muss die Bücher der Gemeinschaft nach kaufmännischen Grundsätzen führen. Aus den Zahlen der Buchhaltung erstellt er die Jahresabrechnung der Gemeinschaft und den Wirtschaftsplan für das neue Geschäftsjahr. Eine Buchführungspflicht der Gemeinschaft kann sich dann ergeben, wenn die Gemeinschaft z. B. über die Vermietung gemeinschaftlicher Räume oder Flächen erhebliche Einkünfte erzielt, die die Buchführungspflicht auslösen.

Was ist die Jahresabrechnung?

Aus den Zahlen der Buchführung erstellt der Verwalter nach Ablauf des Kalenderjahres die Abrechnung der Eigentümergemeinschaft. Dazu ist er gesetzlich verpflichtet. In der Abrechnung werden sämtliche Einnahmen und Ausgaben der Gemeinschaft gegenübergestellt, um die Verwendung der gemeinschaftlichen Gelder zu belegen und das liquide Vermögen der Gemeinschaft und seine Veränderung darzustellen. Mit der Jahresabrechnung erfüllt der Verwalter seine Rechenschaftspflicht gegenüber den Wohnungseigentümern und ermöglicht der Gemeinschaft die Kontrolle seiner Verwaltungstätigkeit. Diese Gesamtabrechnung wird ergänzt durch die Einzelabrechnungen, die für jeden Wohnungseigentümer erstellt werden müssen. Diese Einzelabrechnungen teilen die Ausgaben auf die einzelnen Wohnungseigentümer gemäß dem Verteilungsschlüssel auf.

▶ Und wozu dient der Wirtschaftsplan?

Während die Jahresabrechnung den Ist-Zustand der finanziellen Situation einer Wohnungseigentümergemeinschaft am Ende eines Geschäftsjahres offenlegt, dient der Wirtschaftsplan der Planung der notwendigen Finanzmittel im nächsten Haushaltsjahr. In die Planung müssen sämtliche vorhersehbaren Einnahmen und Ausgaben aufgenommen werden. Dazu zählen z. B. Tilgung von Altschulden, voraussichtliche Aufwendungen für bauliche Maßnahmen, Anwaltskosten, Einnahmen aus Heizkostenvorschüssen, aus Sonderumlagen, aus Zinsen auf das Vermögen der Wohnungseigentümer und Ähnliches. Aus dieser Planung ergeben sich die notwendigen Hausgeldverpflichtungen (vgl. S. 98) der Wohnungseigentümer. Der Verwalter ist verpflichtet, jeweils für ein Geschäftsjahr einen Wirtschaftsplan aufzustellen und den Eigentümern vorzulegen. An die Ansätze im Wirtschaftsplan ist der Verwalter grundsätzlich gebunden. Der Wirtschaftsplan ist – wie auch die Jahresabrechnung – zu genehmigen. Erweist sich ein Wirtschaftsplan im Laufe des Geschäftsjahres als nicht durchführbar, kann die Gemeinschaft einen Nachtrag beschließen.

▶ Woraus ergeben sich die Zahlungsverpflichtungen der Wohnungseigentümer?

Das Gesetz verpflichtet jeden Wohnungseigentümer, sich anteilig an den **Lasten** und **Kosten** des Eigentums zu beteiligen. Die Höhe dieser Zahlungsverpflichtungen ergibt sich wiederum aus dem Wirtschaftsplan und der Jahresabrechnung. Sie werden gewöhnlich als Beiträge, Wohn- oder Hausgeld bezeichnet. Der Verwalter ist verpflichet, diese Gelder einzuziehen.

Aus der Jahresabrechnung ergeben sich unter Umständen Fehlbeträge, die von den Wohnungseigentümern durch **Nachschusszahlungen** aufzubringen sind. Die Höhe der Nachschussverpflichtung des Einzelnen errechnet sich nach dem gesetzlichen bzw. vereinbarten Kostenverteilungsschlüssel (vgl. S. 99).

Aus dem Wirtschaftsplan ergeben sich die Kosten, die im Wirtschaftsjahr von den Eigentümern aufgebracht werden müssen. Sie setzen sich aus den regelmäßigen Kosten der Verwaltung des Eigentums, wie z. B. Reinigungskosten, und der Instandhaltungsrückstellung zusammen. Doch auch die Kosten für Müll, Abwasser und ähnliche Betriebskosten werden in das **Hausgeld** eingerechnet. Diese Kosten sind ebenfalls auf die Wohnungseigentümer mittels des gesetzlichen oder vereinbarten bzw. beschlossenen Kostenverteilungsschlüssels (vgl. S. 99), die Heiz- und Warmwasserkosten nach den Vorschriften der Heizkostenverordnung zu verteilen.

Die Hausgeldabrechnungen sind streng von den **Betriebskostenabrechnungen** zu unterscheiden, mit denen die Betriebskosten vermieteter Wohnungen (vgl. S. 141) abgerechnet werden können. Denn in den Hausgeldern stecken z. B. Verwaltungskosten oder die Instandhaltungsrückstellungen (vgl. S. 127). Daher kann im Allgemeinen nur ein Teil des Hausgeldes an die Mieter weitergegeben werden. Die Betriebskostenabrechnungen für vermietetes Sondereigentum werden i. d. R. nur dann vom Verwalter erstellt, wenn dieser auch das vermietete Sondereigentum mit verwaltet (vgl. S. 89).

Auch wenn Eigentümer gegen den Wirtschaftsplan stimmen, müssen sie die Hausgeldzahlungen leisten. Allerdings können sie den **Wirtschaftsplan anfechten**. Ergibt die gerichtliche Prüfung zu hohe Vorauszahlungen, müssen diese Beträge erstattet werden. Ohne Anfechtung wird der Wirtschaftsplan rechtswirksam. Fehler – auch zu Ungunsten einiger Eigentümer – müssen im Nachhinein nicht korrigiert werden.

▶ Was sind Kostenverteilungsschlüssel?

In Jahresabrechnung und Wirtschaftsplan sind sämtliche Kosten der Gemeinschaft, wie Kosten der Entsorgung, der Gartenpflege oder der Verwaltung enthalten. Sie müssen auf die einzelnen Eigentümer in den Einzelabrechnungen verteilt werden. Dazu werden

Kostenverteilungsschlüssel herangezogen. Der Gesetzgeber sieht als Kostenverteilungsschlüssel die Miteigentumsanteile vor. Doch je nach Verteilung der Miteigentumsanteile kann dieser Schlüssel zu erheblichen „Ungerechtigkeiten“ führen. Daher sieht die Teilungserklärung bzw. Gemeinschaftsordnung häufig einen anderer Kostenverteilungsschlüssel vor. Typisch sind Wohn- oder Nutzflächen oder Kopfzahlen als Verteilungsschlüssel. Der Kostenverteilungsschlüssel kann für unterschiedliche Kostenarten auch unterschiedlich festgelegt werden. Unabhängig davon, müssen die Heiz- und Warmwasserkosten nach der Heizkostenverordnung verteilt werden. Von dieser gesetzlichen Vorschrift können die Wohnungseigentümer nicht abweichen.

Und wenn eine falscher Verteilungsschlüssel angewandt wurde?

Der falsche Verteilungsschlüssel sollte den Wohnungseigentümern spätestens bei der Beschlussfassung über die Jahresabrechnung auffallen. Daher sollte die Jahresabrechnung auch stets sorgfältig geprüft werden. Wird die Jahresabrechnung jedoch beschlossen, ohne dass der falsche Verteilungsschlüssel aufgefallen ist, wird die Abrechnung rechtswirksam, sofern die Abrechnung und der falsche Verteilungsschlüssel nicht angefochten werden. Doch ändert dies nicht den vereinbarten Verteilungsschlüssel und zwar auch dann nicht, wenn über Jahre hinweg der falsche Schlüssel angewandt wurde.

Können Verteilungsschlüssel geändert werden?

Kostenverteilungsschlüssel können auch geändert werden. Das gilt sowohl für den gesetzlich vorgegebenen Verteilungsschlüssel „Miteigentumsanteil“ als auch für vereinbarte Verteilungsschlüssel. Dazu bedurfte es bislang grundsätzlich einer Vereinbarung. Ein Mehrheitsbeschluss reichte nicht aus. Durch die Reform des Wohnungseigentumsrechts hat der Gesetzgeber eine Änderung der Verteilungsschlüssel für Betriebskosten und die Verwaltungskosten durch einen einfachen Mehrheitsbeschluss zugelassen, sofern sie nach dem Verursacher- oder Verbrauchsprinzip erfasst und nach diesem oder einem anderen Maßstab verteilt werden. Selbstverständlich muss der neue Verteilungsschlüssel der ordnungsmäßigen Verwaltung entsprechen. Damit können auch die unter altem Recht vereinbarten Verteilungsschlüssel durch einen einfachen Mehrheitsbeschluss geändert werden.

Kann die Auszahlung eines Teils des Verwaltungsvermögens beantragt werden?

Teile des Verwaltungsvermögens können nicht an einzelne Eigentümer ausgezahlt werden, das Vermögen dient vielmehr der Verwaltung und der Erhaltung des gemeinschaftlichen Eigentums. Ein Auszahlungsanspruch besteht lediglich dann, wenn einem Eigentümer ein Guthaben aus der Jahresabrechnung (vgl. S. 97) oder aus der Abrechnung über Sonderumlagen (vgl. S. 129/156) zusteht. Lediglich diese Beträge können auch von Gläubigern des Wohnungseigentümers gepfändet werden. Ein weiterer Zugriff auf das Verwaltungsvermögen besteht nicht. Ein Auszahlungsanspruch besteht auch nicht, wenn ein Eigentümer sein Wohnungseigentum verkauft (vgl. S. 144). Das Verwaltungsvermögen steht vielmehr dem Verband der Wohnungseigentümer zu, aus dem der alte Wohnungseigentümer ausgeschieden ist. Sein Platz wird durch den Käufer eingenommen.

6. Rechtliche Verwaltung

Kann der Verwalter Verträge für die Wohnungseigentümergemeinschaft abschließen?

Der Verwalter ist dafür zuständig, solche Verträge abzuschließen und zu verwalten, die für die Verwaltung des gemeinschaftlichen Eigentums notwendig sind. Dazu zählt insbesondere der Arbeits- oder Dienstvertrag mit einem Hausmeister, aber auch Kaufverträge über notwendige Geräte, wie Geräte zum Schneeräumen, der Rasenmäher oder gemeinschaftliche Wasch- oder Trockenmaschinen. Auch Verträge über die Lieferung von Strom und Wärme, Handwerkerverträge oder Ähnliches fallen darunter. Die Verträge dürfen nur abgeschlossen werden, wenn entsprechende Beschlüsse der Eigentümergemeinschaft bestehen.

Kann der Verwalter Willenserklärungen für die Wohnungseigentümergemeinschaft entgegennehmen?

Der Verwalter ist berechtigt, Willenserklärungen für, aber auch gegen dic Gemeinschaft entgegenzunehmen. Dabei kann es sich zum Beispiel um Vertragskündigungen durch den Hausmeister, die Wartungsfirma oder Ähnliches handeln, aber auch um Zustellungen von Beitragsbescheiden, Klagen oder Ähnliches. Insbesondere im Wohnungseigentumsverfahren reicht es, wenn Schriftstücke dem Verwalter zugestellt werden. Nach neuester Rechtsprechung zur Teilrechtsfähigkeit des Verbandes kann er dies sowohl für den Verband als auch für die Wohnungseigentümer tun.

Und wenn der Verwalter Fristen versäumt?

Der Verwalter muss Fristen einhalten, damit die Wohnungseigentümergemeinschaft nicht in ihren Rechten beschnitten wird. Dafür ermächtigt ihn der Gesetzgeber, ohne einen Beschluss der Gemeinschaft die notwendigen Maßnahmen zu ergreifen. Die Wahrung von Fristen kann etwa bei der Erhebung einer Klage von Bedeutung sein oder wenn Rechtsmittel oder Rechtsbehelfe, beispielsweise gegen Steuer- oder Beitragsbescheide, eingelegt werden müssen. Versäumt der Verwalter Fristen und entsteht den Wohnungseigentümern bzw. der Gemeinschaft dadurch ein Schaden, ist er grundsätzlich schadenersatzpflichtig.

Kann der Verwalter Ansprüche auch gerichtlich geltend machen?

Der Verwalter kann Ansprüche für die Gemeinschaft sowohl gerichtlich als auch außergerichtlich geltend machen, er bedarf dazu jedoch eines Beschlusses der Gemeinschaft. Die Gemeinschaft muss sich in diesem Fall das Handeln ihres Verwalters zurechnen lassen. Die Gemeinschaft kann den Verwalter entweder im Verwaltervertrag ermächtigen oder im Einzelfall durch einen Mehrheitsbeschluss. Mit dieser Beschlusslage ist der Verwalter regelmäßig auch ermächtigt, einen Anwalt einzuschalten. Typische Fälle wären Prozesse, um rückständiges Hausgeld einzutreiben, um Ansprüche aus Werksverträgen zur Durchführung von Instandhaltungsmaßnahmen oder Gewährleistungsansprüche gegen Bauträger durchzusetzen.

7. Technische Verwaltung

▸ Was versteht man unter technischer Verwaltung?

Die technische Verwaltung erfasst sowohl die regelmäßige Überwachung des baulichen Zustands der Eigentumsanlage als auch die Vorbereitung und Durchführung von Maßnahmen der Instandhaltung und Instandsetzung. Dazu gehört es auch, verschiedene technische Lösungsvorschläge für Mängel und Schäden zu unterbreiten. Zwar zählt grundsätzlich auch die Wartung der technischen Anlagen – wie z. B. der Fahrstuhlanlagen – zur „technischen Verwaltung". Doch führt der Verwalter diese Aufgaben i. A. nicht selbst aus, sondern schließt entsprechende Wartungsverträge. Im Rahmen der technischen Verwaltung muss der Verwalter Handwerker auswählen, Kostenvoranschläge einholen und überprüfen. Er muss den Eigentümern auch empfehlen, Sachverständige hinzuzuziehen, wenn nur auf diese Weise die Schadensursache und ein entsprechendes Sanierungskonzept festgestellt werden kann. Nötigenfalls muss ein selbständiges Beweisverfahren eingeleitet werden, um Regressansprüche gegen Dritte stellen zu können. Selbstverständlich muss der Verwalter die für die technische Verwaltung benötigten Beschlüsse der Eigentümerversammlung einholen und die beschlossenen Maßnahmen durchführen und überwachen.

▸ Und wenn Gefahr im Verzug ist?

In dringenden Fällen kann der Verwalter auch ohne Beschluss der Gemeinschaft handeln, und zwar wenn „Gefahr im Verzug" ist. Typische Fälle sind bspw. Wasserschäden oder Risse in Decken oder Treppen. Allerdings muss das Handeln so dringend geboten sein, dass der Verwalter keine Versammlung mehr einberufen kann und folglich auch keine Beschlüsse mehr herbeiführen kann.

Wann beginnen die Kontrollpflichten?

Der Verwalter muss den Zustand der Wohnungseigentumsanlage kontrollieren. Diese Kontrollpflichten beginnen bereits mit der Fertigstellung der Wohnungseigentumsanlage. Vor Ablauf der Gewährleistungsfristen ist der Verwalter verpflichtet, zu prüfen, ob an der Anlage Baumängel aufgetreten sind. Dazu kann er gegebenenfalls auch Sachverständige heranziehen. Stellt der Verwalter Mängel fest, muss er die Eigentümergemeinschaft darüber informieren und entsprechende Maßnahmen veranlassen und koordinieren. Er ist verpflichtet, die Eigentümer über den bevorstehenden Ablauf der Gewährleistungsfristen aufzuklären und entsprechende Entscheidungen herbeizuführen.

Worauf kommt es bei den regelmäßigen Überwachungen an?

Bei seinen regelmäßigen Begehungen muss der Verwalter darauf achten, ob sich die Wohnungseigentumsanlage in einem ordnungsgemäßen Zustand befindet oder ob Instandsetzungs- oder Instandhaltungsmaßnahmen erforderlich sind. Die Überprüfungen dienen auch dazu, den Instandsetzungsplan fortzuschreiben. Die Überprüfungen muss der Verwalter nicht zwangsläufig selbst vornehmen. Ob er jedoch einen entsprechenden Wartungsdienst einschalten kann, müssen die Wohnungseigentümer entscheiden.

Wie häufig muss der Verwalter die Anlage kontrollieren?

Ein Kontrollrhythmus lässt sich nicht verbindlich vorgeben. Die Notwendigkeit hängt sehr stark davon ab, wie alt die Eigentumsanlage ist, wie gut die Bausubstanz und die technischen Anlagen sind und natürlich davon, wie regelmäßig die Anlagen gewartet werden. Der Verwalter muss spätestens dann tätig werden, wenn er Hinweise vom Hausmeister, von Handwerkern, Eigentümern oder Mietern erhält.

8. Abberufung des Verwalters

Was bedeutet die Abberufung?

Die Abberufung des Verwalters ist ein wichtiges Instrument der Wohnungseigentümerversammlung. Denn durch die Abberufung wird der Verwalter mit sofortiger Wirkung seiner Pflichten und Befugnisse enthoben, auch derer, die ihm per Gesetz zugewiesen sind. Die Abberufung besteht aus dem eigentlichen Abberufungsakt und der Abberufungserklärung, die dem Verwalter gegenüber ausgesprochen werden muss. Sie kann durch einen Beschluss der Wohnungseigentümergemeinschaft oder durch ein Gericht erfolgen. Wird der Verwalter über die Abberufung informiert, wird die Abberufung wirksam. Wird der Abberufungsbeschluss der Eigentümergemeinschaft angefochten, ist grundsätzlich so lange davon auszugehen, dass die Abberufung wirksam erklärt wurde, bis ein Gericht den Beschluss rechtskräftig für ungültig erklärt hat (vgl. S. 107). Die Abberufung ersetzt jedoch nicht die Kündigung des Verwaltervertrages (vgl. S. 90). Die Kündigung muss zeitnah ausgesprochen werden.

Wie kann der Verwalter abberufen werden?

Die Abberufung eines Verwalters muss von der Eigentümergemeinschaft beschlossen werden. Sie muss auf der Tagesordnung der Wohnungseigentümerversammlung als eigener Punkt enthalten sein. Zur Abberufung genügt die einfache Mehrheit; durch eine Vereinbarung der Wohnungseigentümer können keine höhere Schranken errichtet werden. Der Verwalter ist bei dieser Entscheidung stimmberechtigt, wenn er selbst Eigentümer ist oder wenn er Wohnungseigentümer vertritt. Auch die fristlose Abberufung eines Verwalters bedarf eines Beschlusses der Wohnungseigentümer, der wiederum eine Eigentümerversammlung voraussetzt. Diese Entscheidung muss zeitnah getroffen werden. Liegt ein wichtiger Grund vor, hat regelmäßig jeder Wohnungseigentümer einen Anspruch auf Einberufung einer außerordentlichen Eigentümerversammlung. Doch wird dieser Anspruch nur durchzusetzen sein, wenn ein Antrag von mehr als einem Viertel der Wohnungseigentümer dies vom Verwalter unter Angabe von Gründen verlangt. Unterlässt es der Verwalter jedoch, die Wohnungseigentümerversammlung einzuberufen, kann und muss der Wohnungseigentümer dieses Recht gerichtlich durchsetzen.

Wann liegt ein wichtiger Grund zur Abberufung vor?

Ein wichtiger Abberufungsgrund setzt voraus, dass den Wohnungseigentümern nicht mehr zugemutet werden kann, weiterhin mit dem Verwalter zusammenzuarbeiten. Das Vertrauensverhältnis ist zerstört. Bei dieser Entscheidung müssen alle Umstände einbezogen und geprüft werden, sie darf nicht leichtfertig und willkürlich getroffen werden. Wichtige Gründe können etwa vorliegen, wenn der Verwalter seine Rechte missbraucht hat, beispielsweise seine Interessen über die der Wohnungseigentümer gestellt hat, wenn er bei vorhandenen Baumängel nicht gehandelt hat oder wenn er nach der WEG-Reform die Beschluss-Sammlung nicht ordnungsgemäß führt. Gründe können jedoch auch in der Person des Verwalters liegen, zum Beispiel in seiner Vermögenslage oder verschwiegenen Vorstrafen. Inwieweit tatsächlich ein wichtiger Grund die sofortige Abberufung des Verwalters rechtfertigt, wird im Einzelfall von den Gerichten entschieden, wobei auch das Gericht sämtliche Umstände würdigen muss. Wichtige Gründe wurden bspw. von der Rechtsprechung anerkannt, wenn der Verwalter tatsächlich entstandene Ausgaben nicht in die Jahresabrechnung des betreffenden Jahres aufnimmt, Beitragsrückstände nicht eintreibt und dadurch Liquiditätsengpässe verursacht oder wenn der Verwalter Beschlüsse der Wohnungseigentümer nicht umsetzt, ohne sie anzufechten. Häufig rechtfertigt es eine Verfehlung allein nicht, einen Verwalter sofort abzuberufen, wie z. B. die Auftragsvergabe für Instandsetzungsmaßnahmen ohne vorherige Beschlussfassung durch die Wohnungseigentümergemeinschaft. Doch kann ein Zusammentreffen mehrerer, alleine nicht ausreichender Gründe dennoch die sofortige Abberufung rechtfertigen. Nehmen die Wohnungseigentümer jedoch ein Verhalten des Verwalters, das an sich die fristlose Abberufung rechtfertigen würde, über einen gewissen Zeitraum hin, entlasten ihn und bestellen ihn trotz der Kenntnis dieses Verhaltens erneut, lässt sich aus diesen Gründen keine fristlose Abberufung mehr rechtfertigen. Zumindest müsste ein weiterer wichtiger Grund hinzukommen.

Und wann schreitet das Gericht ein?

Zwar hat das Gericht keine eigene Zuständigkeit, einen Verwalter abzuberufen. Doch kommt es an verschiedenen Stellen ins Spiel. Weigert sich der Verwalter bspw. die **Eigentümerversammlung** auf Antrag der Eigentümer **einzuberufen**, um über seine Abberufung aus wichtigem Grund zu entscheiden, kann jeder Wohnungseigentümer seinen Anspruch gerichtlich durchsetzen. Das Gericht kann einen Wohnungseigentümer ermächtigen, die Versammlung einzuberufen, auf der dann über die Abberufung des Verwalters entschieden wird.

Gerichtlich müssen Ansprüche auch dann durchgesetzt werden, wenn zwar ein wichtiger Grund zur Absetzung des Verwalters vorliegt, eine notwendige **Mehrheitsentscheidung** der Eigentümer jedoch nicht zustande kommt. Da die Abberufung eines Verwalters einer ordnungsmäßigen Verwaltung entspricht, sofern ein dazu notwendiger wichtiger Grund vorhanden ist, kann jeder Eigentümer diesen Anspruch gerichtlich durchsetzen. Eben aus diesem Grund kann auch die Zustimmung der anderen Wohnungseigentümer zur Abberufung durchgesetzt werden.

Und wie wehrt sich der Verwalter?

Der Verwalter kann den Abberufungsbeschluss anfechten. Anfechtungsgründe können sich zum einen aus Fehlern in der Beschlussfassung selbst ergeben, z. B. wenn der Verwalter über die Abberufung nicht abstimmen durfte, obwohl er Wohnungseigentümer vertreten hat, oder er nicht von der Wohnungseigentümergemeinschaft abberufen wurde, sondern ihm lediglich der Verwaltungsbeirat gekündigt hat. Zum anderen können sich Anfechtungsgründe aus den Gründen ergeben, auf denen die Abberufung beruht. Das kann z. B. sein, wenn der Verwalter aus wichtigem Grund abberufen wird, ohne dass tatsächlich wichtige Gründe vorliegen. Erklärt das Gericht den Abberufungsbeschluss für ungültig, wird der Verwalter wieder in seine Verwalterstellung eingesetzt und hat einen

Anspruch auf ein – für den Zeitraum der unwirksamen Abberufung unter Umständen gekürztes – Entgelt. Ein inzwischen von der Wohnungseigentümergemeinschaft bestellter Nachfolger verliert seine Verwalterstellung. Für die Zeit seiner Bestellung und damit seiner Tätigkeit für die Gemeinschaft hat er einen Anspruch auf eine entsprechende Vergütung.

9. Verwaltungsbeirat

Was ist der Verwaltungsbeirat?

Der Verwaltungsbeirat ist ein **Verwaltungsorgan** der Wohnungseigentümergemeinschaft. Diesem Gremium wird vom Gesetzgeber eine Vermittlerrolle zwischen den Wohnungseigentümern und dem Verwalter zugesprochen. Das Gesetz räumt den Eigentümern die Möglichkeit ein, einen Verwaltungsbeirat zu bestellen, ein Zwang besteht jedoch nicht. Ebenso wenig besteht ein gerichtlich durchsetzbarer Anspruch, einen Verwaltungsbeirat zu bestellen. Nur in den Fällen, in denen die Eigentümer in der Teilungserklärung bzw. Gemeinschaftsordnung (vgl. S. 21/24) vereinbart haben, dass ein Verwaltungsbeirat bestellt wird, besteht ein Anspruch der Wohnungseigentümer. Doch lässt sich dies zumindest dann nicht gerichtlich durchsetzen, wenn sich entweder kein Mitglied der Wohnungseigentümergemeinschaft als Verwaltungsbeirat zur Verfügung stellt oder wenn kein Mehrheitsbeschluss für die Bestellung zustande kommt.

Der Verwaltungsbeirat arbeitet grundsätzlich ehrenamtlich. Allerdings ist es durchaus zulässig, den Mitgliedern durch einen Mehrheitsbeschluss eine **Aufwandsentschädigung** zu gewähren, mit der z. B. Fahrtkosten, Telefonkosten oder Ähnliches abgegolten werden. Auch ohne eine solche Pauschale sind Auslagen der Beiratsmitglieder, die nachgewiesen werden können, entsprechend zu erstatten. Ebenso wie eine Vergütung oder eine Pauschale gewährt werden kann, kann aber ein Anspruch auf Aufwendungsersatz durch eine Vereinbarung ausgeschlossen werden.

Wie wird ein Verwaltungsbeirat bestellt?

Der Verwaltungsbeirat wird von der Wohnungseigentümergemeinschaft bestellt. Er muss bestellt werden, wenn Teilungserklärung bzw. Gemeinschaftsordnung (vgl. S. 21/24) dies vorschreiben. Teilungserklärung bzw. Gemeinschaftsordnung können die Bestellung eines Verwaltungsbeirats jedoch ausschließen. Will die Gemeinschaft dennoch ein solches Gremium schaffen, müssen sie die Teilungserklärung bzw. Gemeinschaftsordnung durch eine entsprechende Vereinbarung ändern. Sehen Teilungserklärung bzw. Gemeinschaftsordnung keine Regelung vor, reicht eine einfache Mehrheit, um die Bestellung des Verwaltungsbeirats zu beschließen.

Zur **Bestellung** reicht grundsätzlich eine Stimmenmehrheit, etwas anderes können die Wohnungseigentümer vereinbaren. Zwar soll über jedes Mitglied **einzeln abgestimmt** werden, doch kann die Teilungserklärung bzw. Gemeinschaftsordnung auch eine Blockwahl zulassen, bei der die drei Bewerber mit den meisten Stimmen gewählt sind. Zusätzlich zur Wahl bedarf es keines gesonderten Bestellungsvorgang mehr.

Mit dem Beschluss über die Bestellung eines Verwaltungsbeirats sollte gleichzeitig über den **Zeitraum** entschieden werden, für den der Beirat bestellt wurde. Denn die Amtsdauer ist gesetzlich nicht geregelt. Begrenzt die Wohnungseigentümergemeinschaft die Amtszeit nicht durch einen entsprechenden Beschluss, sind die Verwaltungsbeiratsmitglieder auf unbestimmte Zeit bestellt.

Und wie lange dauert die Beiratstätigkeit?

Die Verwaltungsbeiräte sind grundsätzlich so lange für die Gemeinschaft tätig, bis ihre Amtszeit abgelaufen ist, bis sie abberufen werden oder bis sie ihr Amt niederlegen. Durch Zeitablauf – mit der Möglichkeit der Wiederbestellung – endet die Amtszeit jedoch nur, wenn die Mitglieder bereits befristet bestellt wurden. Häufig bestellt die Eigentümerversammlung die Verwaltungsbeiräte jedoch unbefristet. In diesem Fall kann die Wohnungseigentümergemeinschaft die Beiräte in der Eigentümerversammlung abberufen. Der Mehrheitsbeschluss muss nicht begründet werden, er kann sich auf ein einzelnes Mitglied oder auf den gesamten Beirat beziehen. Weigert sich der Verwalter, diesen Punkt auf die Tagesordnung zu setzen, muss mehr als ein Viertel der Wohnungseigentümer den Verwalter schriftlich unter Angabe von Gründen auffordern, die Abberufung des Beirats auf die Tagesordnung zu setzen. Über die Möglichkeit, die Abberufung gerichtlich anzufechten, verfügt der Beirat nicht. Ebenso wie die Abberufung jederzeit möglich ist, können auch die Beiratsmitglieder jederzeit ihr Amt niederlegen. Allerdings darf dies nicht zur „Unzeit" geschehen, etwa kurz bevor der Beirat seine Pflichten, wie beispielsweise die Prüfung des Jahresabschlusses, erfüllen muss. Die Tätigkeit eines Beiratsmitglieds endet grundsätzlich auch, wenn er zum Verwalter bestellt wird oder wenn er aus der Wohnungseigentümergemeinschaft ausscheidet.

▶ Wie setzt sich der Verwaltungsbeirat zusammen?

Der Verwaltungsbeirat besteht aus 3 Mitgliedern: dem Vorsitzenden und zwei Beisitzern, wobei einer der beiden Beisitzer gleichzeitig Stellvertreter des Vorsitzenden ist. Auch hier räumt der Gesetzgeber der Gemeinschaft wiederum die Freiheit ein, in der Teilungserklärung bzw. Gemeinschaftsordnung oder durch eine Vereinbarung eine andere Zahl der Beiratsmitglieder zu bestimmen. Bestellt die Gemeinschaft ohne eine solche Vereinbarung eine andere Zahl von Beiratsmitgliedern, kann der Beschluss angefochten werden. Ohne Anfechtung wird die Bestellung rechtskräftig. Scheidet ein Mitglied vorzeitig aus dem Verwaltungsbeirat aus, muss die Gemeinschaft ein neues Mitglied in den Verwaltungsbeirat wählen. Dem kann die Wohnungseigentümerversammlung vorbeugen, indem sie bereits mit der Bestellung des Verwaltungsbeirats Ersatzmitglieder bestellt, die nachrücken können, wenn einzelne Mitglieder vorzeitig aus dem Verwaltungsbeirat ausscheiden. Diese Ersatzmitglieder erhalten auch erst in diesem Fall ihre Funktion. Ein Beiratsmitglied muss keine besondere Voraussetzungen erfüllen. Allerdings können Miteigentümer die Wahl von Kandidaten ablehnen, bei denen schwerwiegende Gründe gegen ihre Wahl sprechen, wenn zu befürchten steht, dass diese Kandidaten ihr Amt zu ihrem Vorteil missbrauchen. Ein Beiratsmitglied kann sein Amt nicht übertragen und sich auch nicht vertreten lassen. Ein Verwalter kann zudem nicht in den Beirat gewählt werden.

Wie arbeitet der Verwaltungsbeirat?

Wie der Verwaltungsbeirat seine Arbeit organisiert, schreibt das WEG nur in Grundzügen vor. Daher empfiehlt es sich, dass sich der Verwaltungsbeirat eine **Geschäftsordnung** gibt, in der die wichtigsten Dinge geregelt sind. Eine solche Geschäftsordnung kann im Übrigen auch die Wohnungseigentümerversammlung aufstellen.

Zunächst benötigt der Verwaltungsbeirat einen Vorsitzenden, denn das Gesetz weist ihm besondere Aufgaben zu. Der **Vorsitzende des Verwaltungsbeirats** wird entweder direkt von der Eigentümerversammlung gewählt oder die Mitglieder des Verwaltungsbeirats wählen ihren Vorsitzenden selbst aus ihrer Mitte. Möglich ist auch eine rotierende Regelung, d. h. die Mitglieder übernehmen diese Funktion abwechselnd. In diesem Fall wird jedoch eine klare Regelung benötigt, da mit der Funktion des Vorsitzenden besondere Rechte und Pflichten verbunden sind.

Der Verwaltungsbeirat wird vom Vorsitzenden bei Bedarf einberufen. Die Einladung muss grundsätzlich schriftlich mindestens eine Woche vor dem geplanten Termin ausgesprochen werden. Weigert sich der Vorsitzende, die **Sitzung einzuberufen**, kann jedes der beiden weiteren Mitglieder diese Aufgaben übernehmen. Zwar gibt es keine Vorschriften über die Häufigkeit der Sitzungen, doch verletzt der Beirat seine gesetzlichen Pflichten, wenn er keine Sitzungen abhält. In diesem Fall kann die Wohnungseigentümerversammlung den Beirat abberufen. Über das Recht, eine Sitzung des Beirats einzuberufen oder zu verlangen, verfügen ansonsten jedoch weder die Wohnungseigentümer noch der Verwalter. Sie haben auch grundsätzlich keinen Anspruch auf Teilnahme an den Sitzungen. Geleitet wird die Sitzung vom Vorsitzenden, weigert er sich, übernimmt eines der beiden weiteren Mitglieder diese Aufgabe.

Beschlussfähig ist der Beirat, wenn mehr als die Hälfte der Mitglieder anwesend ist, d. h. es müssen zwei der drei Mitglieder erschienen sein. Jedes Mitglied hat eine Stimme. Der Beirat beschließt mit einfacher Mehrheit. Sind nur zwei Mitglieder anwesend, kann es zu Stimmengleichheit kommen, in diesem Fall gelten Beschlüsse als abgelehnt. Der Stimme des Vorsitzenden kommt kein höheres Gewicht zu. Über die **Beschlüsse** des Beirats ist ein Protokoll zu führen, das von den Beiratsmitgliedern, die an der Sitzung teilgenommen haben, unterzeichnet werden muss. Die Beschlüsse des Verwaltungsbeirats sind im Übrigen nicht anfechtbar.

Welche Aufgaben weist der Gesetzgeber dem Verwaltungsbeirat zu?

Der Verwaltungsbeirat erfüllt sowohl Aufgaben, die ihm der Gesetzgeber zugewiesen hat, als auch solche, die ihm die Wohnungseigentümergemeinschaft überträgt. Zu den gesetzlich zugewiesenen Aufgaben gehört die **Unterstützung** des **Verwalters**. Die Unterstützung beschränkt sich i. A. auf eine Beratung des Verwalters bei der Durchführung von Verwaltungsmaßnahmen. Hat der Verwalter bspw. bei der Durchführung bestimmter Verwaltungsmaßnahmen einen Ermessensspielraum, z. B. bei Modernisierungsmaßnahmen, ist es von seiner Seite aus sinnvoll, mit dem Verwaltungsbeirat abzusprechen, wie dieser Ermessensspielraum im Sinne der Eigentümer genutzt werden sollte. Die Tätigkeit des Verwaltungsbeirats ist auf die Beratung beschränkt, d. h. er ist weder befugt noch verpflichtet, die Verwaltungsaufgaben selbst durchzuführen. Der Verwaltungsbeirat ist allerdings kein Kontrollorgan, d. h. der Verwaltungsbeirat ist grundsätzlich nicht befugt, den Verwalter zu überwachen oder gar abzumahnen. Erhält der Verwaltungsbeirat jedoch Kenntnis von Mängeln in der Verwaltertätigkeit, muss er diese Mängel der Eigentümerversammlung mitteilen.

Eine weitere gesetzliche Aufgabe liegt in der **Überprüfung** von **Wirtschaftsplan** (vgl. S. 98), **Jahresabrechnung** (vgl. S. 97), **Rechnungslegung** und **Kostenvoranschlägen** sowie der Abgabe von – schriftlichen oder mündlichen – Stellungnahmen in der Wohnungseigentümerversammlung zu diesen Rechenwerken. Geprüft werden die rechnerische Richtigkeit und Schlüssigkeit sowohl der Einnahmen und Ausgaben als auch der Bankkonten und der Instandhaltungsrücklage. Aber auch die sachliche Richtigkeit ist zu prüfen, also z. B. ob die Ausgaben mit den genehmigten Kostenvoranschlägen übereinstimmen, ob Ausgaben den richtigen Sachkonten zugeordnet wurden u. Ä. Mit dieser Prüfungspflicht einher geht das

Recht, jederzeit die Verwaltungsunterlagen einzusehen und Auskunft vom Verwalter über seine Verwaltungstätigkeit zu erhalten. Die letztendliche Prüfungspflicht kann jedem einzelnen Eigentümer dennoch nicht abgenommen werden.

Der Vorsitzende des Verwaltungsbeirats unterschreibt auch das **Protokoll** der **Wohnungseigentümerversammlung** (vgl. S. 77 ff.). Der Verwaltungsbeirat hat zudem die Aufgabe, die **Wohnungseigentümerversammlung einzuberufen**, wenn der Verwalter fehlt oder sich weigert, die Versammlung einzuberufen.

Welche Aufgaben kann die Wohnungseigentümergemeinschaft dem Beirat zusätzlich zuweisen?

Die Eigentümer haben die Möglichkeit, dem Verwaltungsbeirat weitere Aufgaben zu übertragen. Dazu bedarf es einer Vereinbarung oder eines Mehrheitsbeschlusses und natürlich der Zustimmung des Verwaltungsbeirats. Allerdings kann die Wohnungseigentümerversammlung keine Aufgaben, die der Gesetzgeber allein der Eigentümerversammlung zugewiesen hat, z. B. die Genehmigung des Jahresabschlusses, auf den Beirat übertragen. Sie kann auch nicht die Kompetenzen des Verwalters (vgl. S. 91 ff.) beschneiden und dem Beirat zuordnen, wie z. B. eine Vergabe von Sanierungsmaßnahmen. Zusätzliche Aufgaben des Beirats können z. B. im Abschluss und der Kündigung des Verwaltervertrages (vgl. S. 88 ff.) liegen. Die Eigentümergemeinschaft kann dem Beirat jedoch auch eine zusätzliche Schlichtungsfunktion zuweisen. Ebensowenig wie die Eigentümergemeinschaft dem Verwaltungsbeirat Aufgaben übertragen darf, die die gesetzlichen Kompetenzen des Verwalters oder der Eigentümergemeinschaft beschränken, hat der Verwaltungsbeirat die Kompetenz, von sich aus Beschlüsse der Eigentümerversammlung aufzuheben oder abzuändern.

Wie ist das Zusammenspiel von Wohnungseigentümern und Beirat?

Zunächst werden die Verwaltungsbeiräte von der Wohnungseigentümergemeinschaft gewählt, damit bestellt, und unter Umständen auch wieder abberufen. Auch der Vorsitzende wird häufig von der Versammlung bestimmt. Die Eigentümergemeinschaft kann dem Beirat per Beschluss Weisungen erteilen. Über dieses Recht verfügt nur die Gemeinschaft, aber nicht ein einzelner Wohnungseigentümer oder der Verwalter. Der Beiratsvorsitzende hat die Eigentümerversammlung regelmäßig zu informieren, darüber hinaus ist der Beirat den Wohnungseigentümern gegenüber auskunftspflichtig. Diese Pflicht besteht grundsätzlich nur gegenüber der Wohnungseigentümerversammlung. Einzelnen Wohnungseigentümern steht das Auskunftsrecht nur in Ausnahmefällen zu, z. B. bei Fragen der Rechnungslegung. Doch auch solche Anfragen der Wohnungseigentümer sind zunächst in der Wohnungseigentümerversammlung an den Beirat zu richten. Die Wohnungseigentümerversammlung ist zudem für die Entlastung des Verwaltungsbeirats zuständig. In diesem Fall sind die Beiratsmitglieder nicht stimmberechtigt. Sind sie bevollmächtigt, andere Eigentümer zu vertreten, dürfen sie auch dieses Stimmrecht nicht ausüben.

10. Haftung von Verwalter und Verwaltungsbeirat

▸ Wie haftet der Verwaltungsbeirat?

Auch der Verwaltungsbeirat haftet gegenüber der Gemeinschaft. Mit der Bestellung der Beiratsmitglieder entsteht ein Auftragsverhältnis, beispielsweise bei entgeltlicher Tätigkeit des Verwaltungsbeirats ein Dienstverhältnis zwischen jedem einzelnen Beiratsmitglied und der Wohnungseigentümergemeinschaft. Daher haftet jedes Mitglied des Verwaltungsbeirats für Schäden, die es durch eigenes Verschulden verursacht. Verursachen die Beiratsmitglieder den Schaden gemeinsam, haften sie auch gemeinsam, und zwar gesamtschuldnerisch. Die Haftung der Beiräte setzt jedoch voraus, dass

- sie den Schaden durch ihr Handeln verursacht haben, oder
- der Schaden entstanden ist, weil sie nicht tätig geworden sind, und
- der Beirat den Schaden verschuldet hat; dazu zählen sowohl Vorsatz als auch – einfache und grobe – Fahrlässigkeit.

Kann die Haftung des Verwaltungsbeirats ausgeschlossen werden?

Die Haftung des Verwaltungsbeirats kann durch eine Vereinbarung der Wohnungseigentümer auf Vorsatz und grobe Fahrlässigkeit beschränkt werden. Darüber hinaus können die Wohnungseigentümer vereinbaren, dass die Beiratsmitglieder lediglich bis zu einem Höchstbetrag haften. Selbstverständlich kann auch eine Vermögenschadenshaftpflichtversicherung zu Gunsten des Beirats abgeschlossen werden, die das Haftungsrisiko aufgrund von fahrlässigem Handeln – nicht jedoch aufgrund von Vorsatz – abdeckt. Ansprüche der Wohnungseigentümer gegenüber dem Verwaltungsbeirat müssen innerhalb von drei Jahren geltend gemacht werden, danach verjähren sie.

Haftet auch der Verwalter?

Auch der Verwalter haftet, und zwar primär gegenüber den Wohnungseigentümern, aber auch gegenüber Dritten. Gegenüber Dritten tritt etwa die Haftung ein, wenn der Verwalter seine Verkehrssicherungspflichten verletzt, beispielsweise vereiste Gehwege nicht ordnungsgemäß räumen lässt oder die Gefahr herabfallender Äste übersieht. Der Verwalter muss auch für Schäden eintreten, wenn er ohne eine entsprechende Vollmacht im Namen der Wohnungseigentümergemeinschaft einen Vertrag abgeschlossen, zum Beispiel einen Sanierungsauftrag erteilt hat. Allerdings kann die Gemeinschaft solche Verträge auch noch im Nachhinein genehmigen.

Wie haftet der Verwalter gegenüber den Wohnungseigentümern?

Der Verwalter ist den Eigentümern gegenüber verantwortlich, die Pflichten, die er mit dem Verwaltervertrag (vgl. S. 88ff.) übernommen hat, auch ordnungsgemäß zu erfüllen. Verletzt er seine Pflichten schuldhaft und entsteht daraus ein Schaden, muss der Verwalter dafür haften, wenn die Eigentümer aufgrund der gesetzlichen Regelungen oder aus dem Vertrag heraus einen Anspruch auf Schadenersatz haben. Seine Pflichten kann er schuldhaft sowohl verletzen, wenn er sie nicht erfüllt, als auch wenn er sie schlecht erfüllt.

So ist der Verwalter bspw. verpflichtet, eine Jahresabrechnung (vgl. S. 97) zu erstellen. Tut er dies nicht oder weist die Jahresabrechnung erhebliche Fehler auf, wird er schadenersatzpflichtig, wenn ein Dritter die Abrechnung neu erstellen oder auch nur überprüfen muss. Er haftet auch, wenn er z. B. Versicherungsprämien nicht rechtzeitig zahlt und die Gemeinschaft ihren Versicherungsschutz (vgl. S. 32) verliert. Führt der Verwalter Beschlüsse aus, die erfolgreich angefochten werden, hat er dennoch lediglich die Weisungen der Wohnungseigentümer befolgt, so dass er in der Regel nicht für die Folgen haftet. Der anfechtende Wohnungseigentümer hätte zudem die Möglichkeit, zeitgleich mit der Anfechtung eine einstweilige Anordnung zu bewirken, mit der die Ausführung des Beschlusses zunächst verhindert wird. Führt der Verwalter dagegen angefochtene Beschlüsse zunächst nicht aus, werden sie vom Gericht bestätigt und entsteht ein Schaden, weil sie nicht ausgeführt worden sind, muss der Verwalter i. A. haften. Der Verwalter haftet zudem, wenn er nichtige Beschlüsse (vgl. S. 75) der Wohnungseigentümergemeinschaft ausführt, da er erkennen müsste, dass der Beschluss nichtig ist.

▶ Und wenn der Verwalter entlastet wurde?

Wenn der Verwalter von den Wohnungseigentümern entlastet wurde, entlassen sie ihn zumindest teilweise aus der Haftung, und zwar zumindest für solche Schadenersatzansprüche, die den Wohnungseigentümern bei der Entlastung entweder bekannt waren oder zumindest hätten bekannt sein können, wenn sie etwa sorgfältig genug die Abrechnungsunterlagen geprüft hätten. Einen Anspruch auf eine solche Entlastung hat der Verwalter grundsätzlich nur dann, wenn die Gemeinschaftsordnung oder der Verwaltervertrag dies vorsehen. Ein gesetzlicher Anspruch besteht nicht.

▶ Haftet der Verwalter auch für Dritte, die er beauftragt?

Der Verwalter haftet auch für seine Mitarbeiter, wenn sie schuldhaft einen Schaden verursacht haben. Denn sie sind seine Erfüllungsgehilfen, tragen also dazu bei, dass er seine Pflichten wahrnehmen kann. Der Verwalter haftet grundsätzlich nicht für andere

Dritte, also zum Beispiel für einen Hausmeister. Auch wenn der Verwalter den Vertrag mit dem Hausmeister für die Gemeinschaft abgeschlossen hat, besteht der Vertrag zwischen der Gemeinschaft und dem Hausmeister, so dass mögliche Haftungsansprüche gegen den Hausmeister zu richten wären. Auch für Rechtsanwälte oder für Handwerker, die der Verwalter für die Gemeinschaft beauftragt, haftet er grundsätzlich nicht.

▸ Wie kann der Verwalter sich vor der Haftung schützen?

Ein weitgehender vertraglicher Haftungsausschluss des Verwalters ist grundsätzlich nur in sogenannten Individualverträgen möglich, also nicht in den Formularverträgen, die typischerweise verwendet werden. **Formularvertraglich** kann der Verwalter seine Haftung lediglich für eigenes leicht fahrlässiges Handeln sowie leichte Fahrlässigkeit von Erfüllungsgehilfen ausschließen. Auch eine Beschränkung der Haftung auf Höchstbeträge darf nicht vereinbart werden. Zulässig sind jedoch grundsätzlich Haftungsbeschränkungen in individuell ausgehandelten Verwalterverträgen, sofern sie sich auf leichte und grobe Fahrlässigkeit des Verwalters und seiner Erfüllungsgehilfen beschränken. Während auch für vorsätzliches Handeln der Erfüllungsgehilfen die Haftung ausgeschlossen werden kann, ist eine solche Einschränkung für vorsätzliches Handeln des Verwalters selbst nicht zulässig. Zudem kann individualvertraglich ein Höchstbetrag vereinbart werden. Doch sind solche individuell ausgehandelten Verträge nicht die Regel. Typischerweise setzt der Verwalter Formularverträge ein. Der Verwalter kann jedoch jederzeit eine Haftpflichtversicherung sowie eine Vermögenschadenshaftpflichtversicherung abschließen, die ihn weitgehend vor Haftungsfällen schützt.

▸ Gibt es ein Mitverschulden der Wohnungseigentümer?

Unter Umständen kann den Wohnungseigentümern ein gewisses Mitverschulden angelastet werden. Eine Mitschuld trifft die Wohnungseigentümer z. B. dann, wenn eine Hausordnung besteht, die von den Eigentümern verletzt wird. Damit muss der Verwalter grundsätzlich nicht rechnen. Er muss vielmehr davon ausgehen können, dass die Eigentümer ihre eigenen Interessen wahren und z. B. Schäden bzw. Missstände in der Wohnungsanlage melden oder die Erfüllung der Verkehrssicherungspflicht gerade im Herbst oder Winter mit überwachen. Kann Wohnungseigentümern eine Mitschuld angelastet werden, verringert sich die Haftung des Verwalters. Je nach Schwere der Mitschuld, kann sie sogar ganz entfallen, beispielsweise wenn der Schaden durch Beschlüsse der Eigentümerversammlung entstanden ist, zu deren Ausführung der Verwalter verpflichtet war.

▶ Und wie werden die Ansprüche durchgesetzt?

Ersetzt der Verwalter nicht von sich aus den Schaden, müssen die Ansprüche vor Gericht geltend gemacht werden. Betrifft der Schaden die **Wohnungseigentümergemeinschaft**, muss diese zunächst entscheiden, ob sie den Anspruch gerichtlich geltend machen will. Beschließt die Gemeinschaft dies nicht, muss der unterlegene Eigentümer seinen Anspruch auf Zustimmung gegenüber den übrigen Eigentümern durchsetzen. Allein kann er seinen Anspruch nicht vor Gericht durchsetzen.

Anders sieht es dagegen aus, wenn der Schaden einen **einzelnen Wohnungseigentümer** betrifft. Dann hat er das Recht, auch individuell gegen den Verwalter vorzugehen und seine Ansprüche durchzusetzen.

V. Instandhaltung, Reparatur und Modernisierung

1. Instandhaltung und Instandsetzung

Was verbirgt sich hinter „Instandhaltung", „Instandsetzung" und „Reparatur"?

Instandhaltung des gemeinschaftlichen Eigentums bedeutet nichts anderes, als Maßnahmen zu ergreifen, um solche Abnutzungsspuren zu beseitigen, die durch den normalen Gebrauch entstanden sind. Es sind pflegende, erhaltende, aber auch vorsorgende Maßnahmen, durch die der ursprüngliche Zustand der Anlage erhalten und Schäden an der Gebäudesubstanz vorgebeugt werden soll. Dabei handelt es sich um Schönheitsreparaturen, wie das Streichen des Treppenhauses, um kleinere Reparaturen, wie den Ersatz von Sicherungen, oder um regelmäßige Wartungen, wie die Wartung der Heizungsanlage. Diese Maßnahmen dienen dem Erhalt des Eigentums und zählen damit ebenso zu den Rechten und Pflichten der Eigentümer wie Maßnahmen der Instandsetzung.

Bei der **Instandsetzung** des Eigentums geht es schon um größere Maßnahmen, etwa mit denen bauliche Schäden oder Mängel beseitigt werden müssen. Dabei werden nicht reine Abnutzungsspuren beseitigt, sondern bereits entstandene Schäden oder Mängel z. B. durch die natürliche Alterung der Anlage, durch Abnutzungen, durch Witterungseinflüsse. Werden Schäden beseitigt, die entstanden sind, weil die laufenden Instandhaltungsmaßnahmen nicht ordnungsgemäß durchgeführt wurden, gehört auch dies zur Instandsetzung. Denn durch dieses Maßnahmenpaket soll der ordnungsgemäße Zustand wieder hergestellt werden, der vor Eintritt dieser Schäden bereits bestand, unabhängig von der Ursache.

Der Begriff der **Reparaturen** ist im Gesetz nicht vorgesehen. Je nach Umfang der „Reparaturen" können damit sowohl Maßnahmen der Instandhaltung als auch der Instandsetzung bezeichnet werden.

▶ Dürfen bei Instandhaltungsmaßnahmen auch Modernisierungen durchgeführt werden?

Werden Instandhaltungsmaßnahmen durchgeführt, dürfen gleichzeitig mit der Behebung der Schäden die vorhandenen Einrichtungen an einen zeitgemäßen Standard angepasst werden. Statt rein konservierender Lösungen werden also technisch bessere, wirtschaftlich sinnvollere Lösungen gewählt. Solche Maßnahmen werden als modernisierende Instandhaltungsmaßnahmen bezeichnet. Auf diese Weise wird die Ausstattung der Anlage dem „zeitgemäßen" Wohnstandard angepasst und ihr Wohnwert gesichert. Typische modernisierende Instandhaltungsmaßnahmen sind zum Beispiel die Erneuerung der Heizungsanlage durch ein moderneres, effizienter arbeitendes System, der Ersatz von Türschlössern durch eine elektrische Schließanlage. Damit jedoch noch von einer Instandhaltung gesprochen werden kann, darf die Modernisierung nur im Zuge einer ohnehin fälligen Reparatur durchgeführt werden. Zudem muss sich die gewählte Lösung praktisch „aufdrängen" und bereits bewährt sein. Technisch noch nicht ausgereifte Neuerungen oder gar Luxusmodernisierungen zählen nicht mehr zu den Instandsetzungen, fallen vielmehr unter bauliche Veränderungen. Solche modernisierenden Instandsetzungsmaßnahmen können mit einer einfachen Mehrheit beschlossen werden.

▶ Und wie können Modernisierungsmaßnahmen nach der WEG-Reform ergriffen werden?

Auch nach der WEG-Reform können Maßnahmen der modernisierenden Instandsetzung mit einfacher Mehrheit beschlossen werden. Neu sind dagegen Modernisierungsmaßnahmen, als Maßnahmen zur Modernisierung und zur Anpassung der Wohnanlage an den Stand der Technik. Sie können von der Wohnungseigentümerversammlung auch dann beschlossen werden, wenn noch keine Instandsetzungsbedürftigkeit vorliegt. Voraussetzung ist jedoch, dass das gemeinschaftliche Eigentum an den Stand der Technik angepasst werden soll oder es sich um eine Modernisierung im Sinne des Mietrechts handelt, also der Gebrauchswert des Wohnungseigentums erhöht, die allgemeinen Wohnverhältnisse dauerhaft verbessert oder Energie und Wasser nachhaltig eingespart werden. Die Eigenart der Wohnung darf sich durch die Maßnahme jedoch nicht ändern und kein Wohnungseigentümer darf erheblich benachteiligt werden. Allerdings werden an einen solchen Beschluss der Wohnungseigentümerversammlung höhere Anforderungen gestellt als an einen Beschluss zur modernisierenden Instandsetzung. Denn er bedarf einer qualifizierten Mehrheit, also einer Mehrheit von mehr als $^3/_4$ aller stimmberechtigten Wohnungseigentümer, und gleichzeitig einer Mehrheit aller Miteigentumsanteile. Ein Anspruch auf Zustimmung zu einer solchen Maßnahme besteht nicht.

Wer ist für die Instandhaltung und Instandsetzung zuständig?

Die Zuständigkeiten unterscheiden sich danach, ob die Maßnahmen am Sondereigentum oder am Gemeinschaftseigentum ergriffen werden müssen. Am **Sondereigentum** müssen Instandhaltungs- und Instandsetzungsmaßnahmen durch den Wohnungseigentümer durchgeführt werden. Der Eigentümer benötigt folglich keinerlei Beschlüsse oder Ermächtigungen seitens der anderen Mitglieder der Gemeinschaft. Der Sondereigentümer ist aber auch verpflichtet, diese Maßnahmen durchzuführen. Unterlässt er sie und kommt es dadurch zu Schäden am Gemeinschaftseigentum, ist er den anderen Eigentümern gegenüber schadenersatzpflichtig, z. B. wenn er einen defekten Wasseranschluss nicht repariert und ein Wasserschaden entsteht.

Am **Gemeinschaftseigentum** dagegen liegt die Verantwortung für Maßnahmen der Instandhaltung und Instandsetzung bei den Eigentümern. Sie gehört zur sogenannten ordnungsmäßigen Verwaltung des gemeinschaftlichen Eigentums, so dass jeder Eigentümer einen Anspruch darauf hat. Werden Instandhaltungsmaßnahmen von der Eigentümerversammlung beschlossen, müssen die Wohnungseigentümer die dazu notwendigen Maßnahmen dulden. Die Eigentümer treffen die Entscheidung darüber, wann welche Maßnahmen ergriffen werden sollen. Dazu bedarf es eines Mehrheitsbeschlusses. Die Entscheidung kann allenfalls durch eine Vereinbarung auf den Verwalter, den Verwaltungsbeirat oder eine Gruppe der Wohnungseigentümer übertragen werden. Mit einem Mehrheitsbeschluss können die Eigentümer den Verwalter zudem beauftragen, die „normalen“ Instandhaltungs- und Instandsetzungsmaßnahmen bis zu einer bestimmten Höhe vornehmen zu lassen, ohne dass er eine gesonderte Ermächtigung der Eigentümer benötigt.

Und wenn Wohnungseigentümer keine Instandhaltungs- oder Instandsetzungsmaßnahmen wollen?

Grundsätzlich sind die Eigentümer im Rahmen der ordnungsmäßigen Verwaltung verpflichtet, Instandhaltungs- und Instandsetzungsmaßnahmen durchzuführen. Werden die notwendigen (Mehrheits-)Beschlüsse nicht getroffen, steht jedem Eigentümer der Weg offen, seine Ansprüche vor Gericht durchzusetzen. Diesen Weg muss der Wohnungseigentümer auch einschlagen, wenn sich die Gemeinschaft weigert, notwendige Instandhaltungs- und Instandsetzungsmaßnahmen durchführen zu lassen. In diesem Fall kann der Wohnungseigentümer im Rahmen der Notgeschäftsführung, also **in dringenden Fällen,** auch einen Sachverständigen beauftragen, um die Schadensursache zu ermitteln, und auf dieser Basis die Beseitigung des Schadens vor Gericht verlangen.

Welche Rolle spielt der Verwalter?

Der Verwalter muss die Eigentümer darüber informieren, welche Instandhaltungs- und Instandsetzungsmaßnahmen notwendig sind. Er muss auch die erforderlichen Beschlüsse herbeiführen. Das befreit die Wohnungseigentümer allerdings nicht von der Pflicht, den Verwalter über Schäden, die sie erkannt haben, zu informieren, und vor allem die notwendigen Beschlüsse auch zu treffen. Der Verwalter muss die Beschlüsse der Wohnungseigentümer dann umsetzen. Der Verwalter darf nicht gegen die Beschlüsse der Gemeinschaft handeln. D. h. sind Instandsetzungsmaßnahmen notwendig, spricht sich die Gemeinschaft jedoch mehrheitlich dagegen aus, ist er nicht von sich aus berechtigt, die Maßnahmen dennoch durchführen zu lassen.

2. Welche Maßnahmen gehören zu den Instandhaltungen und Instandsetzungen?

▶ Wird der ursprüngliche Zustand beibehalten?

Maßnahmen, um den ursprünglichen Zustand beizubehalten oder wieder herzustellen, sind typische Instandhaltungs-/Instandsetzungsmaßnahmen. Dabei geht es um Reparaturmaßnahmen wie bspw. die Reparatur des Daches oder der Schließanlage. Es handelt sich auch um eine Instandhaltung/Instandsetzung, wenn vom ursprünglichen Material abgewichen wird. Solche Reparaturen setzen nicht zwangsläufig voraus, dass eine Anlage bereits ausgefallen ist. Notwendig ist lediglich, dass die Einrichtung oder Anlage in einem Zustand ist, die einen Ausfall oder reparaturbedürftige Schäden – wie etwa aus Altersgründen – jederzeit erwarten lässt.

▶ Darf ein höherer Standard gewählt werden?

Ein höherer Standard darf insoweit verwirklicht werden, als bessere, moderne Materialien oder neuere technische Lösungen gewählt werden. Auch umweltverträglichere Lösungen dürfen eingesetzt werden. Umweltgesichtspunkte sind insbesondere bei einer Instandsetzung der Heizung, aber beispielsweise auch bei der Außendämmung, zu beachten. Die neueren technischen Lösungen müssen sich jedoch in der Praxis bewährt haben. Zudem müssen Kosten und Nutzen in einem vernünftigen Verhältnis zueinander stehen.

▶ Zählen auch Ersatzbeschaffungen dazu?

Auch wenn der Begriff Instandsetzung/Instandhaltung es scheinbar nicht zulässt, zählen auch Ersatzbeschaffungen von Geräten dazu, wie z. B. Rasenmäher, Waschmaschine oder Ähnliches. Diese Geräte müssen jedoch für den Gebrauch durch die Gemeinschaft bestimmt sein. Auch hier dürfen nicht nur technisch einwandfreie Geräte beschafft werden, sondern auch technisch fortschrittlichere.

Soll die Anlage erstmalig mangelfrei hergestellt werden?

Lagen noch Baumängel (z. B. Schalldämmung) vor, die die Wohnungseigentümergemeinschaft beseitigen lässt, zählen diese Maßnahmen „zur erstmaligen mangelfreien Herstellung der Anlage" grundsätzlich auch zu den Instandhaltungs- und Instandsetzungsmaßnahmen. Zwar bestehen meist Gewährleistungsansprüche gegenüber dem Bauträger, doch kann es aus den unterschiedlichsten Gründen geboten sein, die Mängel zu beseitigen. Im Übrigen kann jeder Eigentümer im Rahmen ordnungsmäßiger Verwaltung verlangen, dass ein solcher mangelfreier Zustand herbeigeführt wird.

Von solchen Maßnahmen können sowohl Mängel am Gebäude, z. B. Feuchtigkeitsschäden, als auch auf dem Grundstück, z. B. Verlegung einer Wäschespinne, betroffen sein. Auch Maßnahmen, mit denen Aufteilungsplan und die tatsächliche Ausführung in Übereinstimmung gebracht werden, zählen zu den Instandhaltungs-/Instandsetzungsmaßnahmen, da solche Abweichungen einen Mangel darstellen. Auch wenn auf diese Weise Gebäudeteile umgestaltet werden, also scheinbar als bauliche Veränderung vorliegen, handelt es sich um Instandhaltungs- und Instandsetzungsmaßnahmen. Denn mit den baulichen Maßnahmen soll die Anlage, so wie sie den Plänen entspricht, für die Zukunft umgestaltet werden. Ebendies geschieht bei der erstmaligen Herstellung eines mangelfreien Zustands nicht.

Müssen öffentlich-rechtliche Bestimmungen erfüllt werden?

Schreiben öffentlich-rechtliche Bestimmungen, wie z. B. die Heizkostenverordnung, die Energieeinsparverordnung oder die Trinkwasserverordnung, Anpassungsmaßnahmen vor, zählen auch diese grundsätzlich zu den Instandhaltungs- und Instandsetzungsmaßnahmen. Dazu kann bspw. die nachträgliche Herstellung von Kfz-Stellplätzen (nach Stellplatzverordnung) gehören, aber auch die Wärmedämmung von Heizungsrohren, der Einbau von Heizkosten- und Warmwasserzählern. Der Verwalter hat entsprechende Beschlüsse der Gemeinschaft zu veranlassen, um nicht in die Haftung zu geraten.

3. Wie werden Instandsetzungs- und Instandhaltungsmaßnahmen finanziert?

▶ Wer trägt die Kosten?

Mit Instandhaltungs- und Instandsetzungsmaßnahmen sind meist erhebliche Kosten verbunden, die von den Eigentümern zu tragen sind. Ob die Kosten aus der Instandhaltungsrückstellung oder über eine Sonderumlage finanziert werden, entscheidet die Gemeinschaft ebenso wie über die Maßnahme selbst per Beschluss.

▶ Was geschieht mit Folgekosten?

Instandhaltungs- und Instandsetzungsmaßnahmen können auch Folgekosten nach sich ziehen, etwa wenn Folgeschäden am Sondereigentum auftreten und behoben werden müssen. Werden diese Schäden behoben, müssen die Eigentümer auch die dafür entstehenden Kosten anteilmäßig tragen, und zwar im gleichen Schlüssel, wie sie an den Instandhaltungs- und Instandsetzungskosten beteiligt werden. Zwangsläufig trägt auch der Sondereigentümer, dem der Schaden entstanden ist, einen Teil der Kosten mit.

▶ Können die Instandhaltungs- und Instandsetzungskosten durch Eigenleistung der Eigentümer reduziert werden?

Eine solche Mitwirkung ist gesetzlich zunächst nicht vorgesehen. Denn die Verwaltung des Wohnungseigentums obliegt zwar den Wohnungseigentümern, jedoch beschränkt sie sich darauf, Entscheidungen zu treffen. Der Vollzug der Verwaltung liegt beim Verwalter. Die Kosten der Verwaltung und damit auch der Instandhaltung- und Instandsetzung sollen die Eigentümer durch einen finanziellen Beitrag zu den Verwaltungskosten tragen. Sie können jedoch in der Teilungserklärung bzw. Gemeinschaftsordnung (vgl. S. 21/24) eine Regelung treffen, dass die Eigentümer der Gemeinschaft aktiv Aufgaben übernehmen, unter Umständen sogar an Instandsetzungsmaßnahmen aktiv mitwirken, wenn dadurch Kosten eingespart werden können. Ein Mehrheitsbeschluss reicht dafür jedoch nicht aus.

Wie werden die Kosten auf die Eigentümer verteilt?

Die Verteilung der Kosten ist zunächst gesetzlich geregelt: Sie sind von allen Eigentümern zu tragen und zwar im Verhältnis der jeweils im Grundbuch eingetragenen Miteigentumsanteile. Bislang konnte die Gemeinschaft nur durch eine Vereinbarung (vgl. S. 70), also eine entsprechende Regelung in der Teilungserklärung bzw. Gemeinschaftsordnung (vgl. S. 21/24), von diesem Kostenverteilungsschlüssel abweichen. Eine entsprechende (nachträgliche) Vereinbarung konnte die Gemeinschaft auch noch zu einem späteren Zeitpunkt treffen. Nach der WEG-Reform kann die Gemeinschaft durch einen Mehrheitsbeschluss einen anderen Kostenverteilungsschlüssel (vgl. S. 99) beschließen. Allerdings muss der gewählte Maßstab dem Gebrauch bzw. der Möglichkeit zum Gebrauch entsprechen. Denkbar ist etwa eine Verteilung der Instandhaltungs- und Instandsetzungskosten nach der Zahl der Wohnungen oder nach Quadratmeter Wohnfläche. Auch eine Regelung, nach der die Kosten für Maßnahmen an einzelnen Teilen des Gemeinschaftseigentums wie z. B. Fenstern, Balkonverkleidung u. Ä. von den jeweiligen Eigentümern selbst zu tragen sind, oder dass die Kosten für einzelne Gebäudeteile wie beispielsweise Garagen, Gewerbe- und Wohnbereich getrennt zu ermitteln und unter den betroffenen Eigentümern zu verteilen sind, ist möglich. Ebenso können einzelne Eigentümer von den Kosten freigestellt werden. Typisch ist eine solche Entscheidung zum Beispiel, wenn Aufzüge nur einzelne Bereiche einer Anlage bedienen. Bestehen Sondernutzungsrechte am Gemeinschaftseigentum, kann die Gemeinschaft vereinbaren, dass die Nutznießer die Instandhaltungs- und Instandsetzungskosten tragen.

Wie wird über eine Sonderumlage entschieden?

Über die Sonderumlage beschließen die Wohnungseigentümer mehrheitlich. Mit dem Beschluss bestimmen sie auch über die Höhe der Umlage, die sich grundsätzlich am Finanzbedarf zu orientieren hat. Sie kann gleichzeitig mit dem Wirtschaftsplan (vgl. S. 98) beschlossen werden, kann den Wirtschaftsplan jedoch auch als Nachtrag ändern. Soll eine solche Sonderumlage erhoben werden, um die

Instandhaltungs- und Instandsetzungsmaßnahmen auf diese Weise zu finanzieren, wird in jedem Fall ein eigener Beschluss benötigt. Mit dem Beschluss über die Durchführung der Maßnahmen selbst ist nicht gleichzeitig über die Erhebung der Umlage entschieden. Der Beschluss muss nicht nur den Gesamtbetrag der Sonderumlage enthalten, sondern auch den Anteil jedes Wohnungseigentümers. Gibt der Beschluss lediglich den Verteilungsschlüssel und den Gesamtbetrag der Sonderumlage an, reichen diese Angaben nur dann aus, wenn der Anteil jedes einzelnen Eigentümers ermittelt werden kann.

4. Instandhaltungsrückstellungen

▶ Müssen Instandhaltungsrückstellungen gebildet werden?

Die Bildung der Instandhaltungsrückstellung zählt zu den Maßnahmen der ordnungsgemäßen Verwaltung des Wohnungseigentums. Ein Verzicht auf die Bildung dieser Rückstellung ist damit zunächst nicht zulässig. Vereinbaren die Wohnungseigentümer einen solchen Verzicht, kann er vom Gericht aufgehoben werden. Auch wenn die Bildung von Instandhaltungsrückstellungen die Hausgeldzahlungen in die Höhe treibt, sollte keinesfalls auf die Ansammlung verzichtet werden oder nur eine niedrige Mindestrückstellung gebildet werden. Denn hohe Rückstellungen bieten einen gewissen Schutz vor hohen Sonderumlagen, die notwendig werden, wenn Instandhaltungs- oder Instandsetzungsmaßnahmen ansonsten nicht bezahlt werden können. Verkauft ein Mitglied der Eigentümergemeinschaft sein Eigentum, besteht kein Anspruch auf Auszahlung des von ihm in die Rückstellungen eingezahlten Anteils.

▶ Wofür dürfen Instandhaltungsrückstellungen eingesetzt werden?

Instandhaltungs- und Instandsetzungsmaßnahmen (vgl. S. 119ff.) können aus den Instandhaltungsrückstellungen finanziert werden. Diese Rückstellungen müssen im Rahmen der ordnungsgemäßen

Verwaltung des Wohnungseigentums gebildet werden und dürfen sowohl zur Finanzierung größerer Instandhaltungsmaßnahmen eingesetzt werden als auch zur Finanzierung der Beseitigung der ursprünglichen Baumängel oder zur Durchführung kleinerer Reparaturen. Allerdings können die Eigentümer beschließen, nur einen Teil der anfallenden Kosten aus den Instandhaltungsrückstellungen zu decken und für den Rest eine Sonderumlage (vgl. S. 126) zu erheben. Rückstellungen können auch für bestimmte Zwecke gebildet werden, z. B. für die Anschaffung bestimmter Geräte. Doch ist dies grundsätzlich nur sinnvoll, wenn sie *getrennt* von der allgemeinen Instandhaltungsrückstellung gebildet und unter Umständen durch einen anderen Verteilungsschlüssel gefüllt werden.

▸ Wofür dürfen Instandhaltungsrücklagen nicht eingesetzt werden?

Grundsätzlich nicht eingesetzt werden dürfen die Instandhaltungsrückstellungen zum Ausgleich von Beitragsrückständen oder zur Finanzierung anderer Kosten, wie etwa der Heizölkosten. Denn mit dem Beschluss zur Bildung einer Instandhaltungsrückstellung werden die Gelder für diesen Zweck gebunden. Allenfalls zur kurzfristigen Überbrückung von Liquiditätsengpässen darf auf die Instandhaltungsrückstelllung zurückgegriffen werden. Die Rückstellungen dürfen auch nicht ganz oder bis auf einen minimalen Betrag aufgelöst und an die Wohnungseigentümer ausgeschüttet werden. Auch damit wäre gegen die Zweckbindung der Mittel verstoßen.

▸ Wie werden Instandhaltungsrückstellungen gebildet?

Die Instandhaltungsrückstellungen werden durch Beiträge der einzelnen Wohnungseigentümer gebildet. Diese Beiträge werden nach dem Kostenverteilungsschlüssel von den Eigentümern erhoben, der der Verteilung der Instandhaltungs- und Instandsetzungskosten zugrunde gelegt wird, wenn keine Instandhaltungsrückstellung vorhanden ist. Die Beiträge der einzelnen Wohnungseigentümer werden im Wirtschaftsplan festgelegt und vom Verwalter eingezogen.

In welcher Höhe werden die Instandhaltungsrückstellungen gebildet?

Durch die Bildung der Rückstellung sollen der Gemeinschaft die notwendigen Mittel zur Verfügung gestellt werden, um anfallende Reparaturmaßnahmen durchzuführen, ohne Sonderumlagen erheben zu müssen. Daher sind sie auch in **„angemessener" Höhe** zu bilden, wobei die Gemeinschaft eine Obergrenze der Rückstellungen vereinbaren kann. Die Angemessenheit der Mittel richtet sich nach den jeweiligen Verhältnissen der Wohnanlage, also z. B. nach ihrem Alter oder dem baulichen Zustand. Aber auch die Art der vorhandenen Einrichtungen spielt eine Rolle: Verfügt eine Wohnungseigentumsanlage über einen Aufzug, ein Schwimmbad oder gar eine Sauna, fallen naturgemäß andere Instandhaltungskosten an, als wenn eine Anlage über diese Einrichtungen nicht verfügt. Und an diesen Kosten sind alle Eigentümer gemäß dem Kostenverteilungsschlüssel zu beteiligen. Die Mindesthöhe der Rückstellungen wird i. d. R. nach den Instandhaltungspauschalen im öffentlich geförderten Wohnungsbau (II. BV) berechnet, die je nach Alter der Wohnungen zwischen 7,10 € und 11,50 € liegen. Auch andere Berechnungsmethoden, wie z. B. die Peter'sche Formel, sind denkbar. Auf jeden Fall sollte die Instandhaltungsrückstellung in ausreichender Höhe angespart und regelmäßig angepasst werden. Die Beträge können auch dann per Mehrheitsbeschluss angepasst werden, wenn sie in der Teilungserklärung festgelegt wurden. Reagieren die Wohnungseigentümer rechtzeitig auf die sich ändernden Umstände, können Finanzierungsengpässe vermieden werden.

Kann auf eine Entnahme aus den Rückstellungen verzichtet werden?

Damit zunächst ausreichende Mittel angesammelt werden, können die Eigentümer darauf verzichten, Instandhaltungs- und Instandsetzungsmaßnahmen ganz oder teilweise aus den Rückstellungen zu finanzieren. Statt dessen können sie beschließen, eine Sonderumlage zu erheben. Ein solcher Beschluss (vgl. S. 126) kann der ordnungsgemäßen Verwaltung widersprechen und damit unzulässig sein, wenn Mittel in angemessener Höhe in der Rückstellung vorhanden sind bzw. eine vereinbarte Obergrenze erreicht oder überschritten ist.

Wie müssen Rückstellungen angelegt werden?

Über die Anlage der Rückstellungen beschließt die Wohnungseigentümergemeinschaft mehrheitlich. Die Rückstellungen müssen grundsätzlich sicher angelegt werden, um dem Grundsatz der ordnungsmäßigen Verwaltung zu entsprechen. Gleichzeitig müssen sie jedoch zeitnah zur Finanzierung der Maßnahmen zur Verfügung stehen. In Frage kommen z. B. Sparkonten, Geldmarktfonds oder Festgeldkonten, damit zumindest über einen Teil des Geldes kurzfristig verfügt werden kann. Doch ein Teil der Gelder sollte auch in hochverzinsliche Wertpapiere oder Sparbriefe angelegt werden, um der Gemeinschaft Kapitalerträge zu sichern. Über die Form der Anlage entscheidet die Eigentümerversammlung.

5. Bauliche Veränderungen?

Was sind „bauliche Veränderungen"?

Bauliche Veränderungen gestalten das gemeinschaftliche Eigentum um. Damit stehen sie im Gegensatz zu den Instandhaltungs- und Instandsetzungsmaßnahmen, die das gemeinschaftliche Eigentum erhalten sollen, wenn auch im Zuge dieser Erhaltungsmaßnahmen Anpassungen an die geänderten Wohnansprüche vorgenommen werden dürfen. Nicht nur Baumaßnahmen werden von diesem Begriff erfasst. Bereits das Anbringen eines festen Windschutzes an Terrassen, also eine einfache Montagearbeit, ist eine bauliche Veränderung, denn es wird das äußere Erscheinungsbild des Gebäudes verändert. Grundsätzlich zählt jede Umgestaltung des Grundstücks, jede Umgestaltung der Gebäudeteile, auch Anbauten an oder der Abriss von Gebäudeteilen zu den baulichen Veränderungen, ebenso wie die Änderung, Errichtung oder Abschaffung von Einrichtungen oder Anlagen. Damit es sich um bauliche Veränderungen handelt, müssen die Maßnahmen das gemeinschaftliche Eigentum oder Teile davon auf Dauer anders gestalten, als es im Zeitpunkt des Entstehens der Wohnungseigentümergemeinschaft – und im Aufteilungsplan (vgl. S. 26) niedergelegt – gestaltet war. Wird die Anlage bereits während der Bauphase anders errichtet, als es geplant war, zählen diese Umgestaltungen noch nicht zu den baulichen Veränderungen (vgl. S. 124).

Wie werden bauliche Veränderungen von den Eigentümern beschlossen?

Anders als Maßnahmen der Instandhaltung und Instandsetzung (vgl. S. 119) müssen bei baulichen Veränderungen alle Eigentümer zustimmen, deren Rechte über das normale Maß des Zusammenlebens in einer Gemeinschaft hinaus beeinträchtigt werden. Ein mehrheitlicher Beschluss reicht nicht aus. Nach bisherigem Recht war eine **Vereinbarung** notwendig. Durch diese strenge Auflage sollten die Wohnungseigentümer davor geschützt werden, dass ihnen durch einen Mehrheitsbeschluss zum Teil erhebliche Kosten für Baumaßnahmen auferlegt werden, die zur Erhaltung des Gemeinschaftseigentums nicht notwendig sind. Diese hohe **Anforderung** wurde nun abgeschwächt. Nach der Reform kann nun auch jeder Eigentümer die **Zustimmung** zu baulichen Maßnahmen verlangen, die er am Gemeinschaftseigentum durchführen lassen möchte, sofern die Beeinträchtigungen die Rechte der anderen Eigentümer nicht über das übliche Maß hinaus beschränken.

Die Teilungserklärung bzw. Gemeinschaftsordnung oder eine spätere Vereinbarung der Eigentümer kann auch vorsehen, dass der **Verwalter** baulichen Veränderungen **zustimmen** muss. Die grundsätzliche Entscheidung kann allerdings nicht an den Verwalter delegiert werden. Seine Zustimmung kann vielmehr nur als zusätzliche „Hürde" eingefordert werden. Er darf auch nur aus wichtigem Grund nicht zustimmen.

Hat jeder Eigentümer ein Anrecht auf bauliche Veränderungen?

Nach bisherigem Recht bestand ein Anspruch auf die Durchführung baulicher Veränderungen nur in bestimmten Fällen. Nach der WEG-Reform kann jeder Eigentümer diese baulichen Veränderungen verlangen, sofern die anderen Eigentümer nicht in einem

Maße benachteiligt werden, das über das im Rahmen des Zusammenlebens innerhalb einer Gemeinschaft Übliche hinausgeht.

▶ Wann sind Wohnungseigentümer durch eine bauliche Veränderung benachteiligt?

Bauliche Maßnahmen können Wohnungseigentümer immer dann benachteiligen, wenn sie über die normalen Beeinträchtigungen, die ein Nachbarschaftsverhältnis von sich aus mit sich bringt, hinausgehen. Nachteile können z. B. ausgelöst werden, wenn durch eine Verlegung der Müllcontainer oder die Einrichtung neuer Stellplätze Geruchsbelästigungen entstehen oder durch das Anbringen von Fenstergittern im Erdgeschoss in den oberen Stockwerken die Einbruchsgefahr steigt. Lärmbelästigungen, die durch die Durchführung der baulichen Maßnahme selbst entstehen, gelten allerdings nicht als Nachteile, die die Maßnahme selbst verhindern. Damit unterscheiden sich bauliche Maßnahmen entscheidend von solchen, die zwingend notwendig sind, um z. B. die bauliche Sicherheit zu gewährleisten. Solche Maßnahmen müssen im Rahmen einer ordnungsmäßigen Verwaltung durchgeführt werden und jeder Wohnungseigentümer muss sie dulden. Das ist bei baulichen Veränderungen anders, da sie eben nicht zwingend notwendig sind. Daher besteht für die anderen Eigentümer keine Veranlassung, erhebliche Benachteiligungen, die über das normale Maß hinausgehen, hinzunehmen.

▶ Wer trägt die Kosten der baulichen Veränderung?

Mit der Zustimmung der Wohnungseigentümer zu einer baulichen Veränderung ist noch nicht die Kostenverteilung geregelt. Die Kosten werden grundsätzlich nach dem gesetzlich vorgesehenen Verteilungsschlüssel „Miteigentumsanteile“ verteilt bzw. nach dem von der Eigentümergemeinschaft vereinbarten Verteilungsschlüssel (vgl. S. 99). Die Kosten dazu sind nicht mehr aus der Rückstellung für Instandhaltung und Instandsetzung (vgl. S. 127), sondern vielmehr durch Sonderumlagen zu tragen. Die Finanzierungsvereinbarung sollte gleichzeitig mit der Vereinbarung über die bauliche Veränderung getroffen werden.

Ob Eigentümer, die der baulichen Veränderung nicht zugestimmt, den Beschluss jedoch auch nicht angefochten haben, sich an den Kosten – und an den Folgekosten – beteiligen müssen, ist derzeit noch offen. Es sprechen jedoch gute Gründe gegen eine Kostenbeteiligung. Damit die Kostenbefreiung auch praktiziert werden kann, müssen die Eigentümer, die gegen die bauliche Veränderung gestimmt haben, namentlich erfasst werden. Allerdings dürfen diese Eigentümer auch nicht die bauliche Veränderung nutzen. Ist dies praktisch nicht möglich, können diese Eigentümer trotz fehlender Zustimmung zur Finanzierung herangezogen werden, da sie ansonsten „ungerechtfertigt bereichert“ wären. Führt ein Eigentümer bauliche Veränderungen ohne die Zustimmung der anderen Eigentümer durch, muss er auf jeden Fall die Kosten der baulichen Veränderung, aber auch deren Folgekosten tragen. Dafür spielt es keine Rolle, ob die Gemeinschaft Beseitigungsansprüche geltend gemacht hat oder nicht.

Müssen nicht alle Eigentümer der Maßnahme zustimmen, da sie nicht in ihren Rechten beeinträchtigt werden, müssen sie sich auch nicht an den Kosten beteiligen. Sie dürfen jedoch auch keinen Vorteil aus der Maßnahme ziehen. Lässt sich dies nicht vermeiden, müssen auch sie einen Anteil an den Kosten tragen. Ansonsten wären sie wiederum ungerechtfertigt bereichert (s. o.).

▶ Und wenn bauliche Veränderungen ohne Zustimmung durchgeführt wurden?

Wurden bauliche Veränderungen ohne die notwendige Zustimmung durchgeführt, kann die Gemeinschaft die Beseitigung der Veränderung verlangen. Der ursprüngliche Zustand muss dann wieder hergestellt werden. Übt die Gemeinschaft dieses Recht nicht aus, steht es im Ermessen jedes einzelnen Wohnungseigentümers, die Beseitigung zu verlangen. Dazu bedarf er grundsätzlich nicht der Ermächtigung durch die Gemeinschaft. Die Gemeinschaft kann jedoch auch beschließen, dass der Verwalter den Anspruch der Gemeinschaft gerichtlich geltend macht. Beseitigungsansprüche verjähren grundsätzlich nach drei Jahren, hatte der Eigentümer keine Kenntnis von der baulichen Veränderung und seinem Beseitigungsanspruch, verjähren seine Ansprüche erst nach 10 Jahren.

Welche Pflichten treffen den Verwalter?

Der Verwalter kann nicht selbst über bauliche Maßnahmen entscheiden. Er hat vielmehr die Entscheidungen der Eigentümergemeinschaft umzusetzen. Beschließen die Eigentümer jedoch mehrheitlich eine bauliche Veränderung, muss der Verwalter entscheiden, ob der Beschluss rechtmäßig ist (konstitutive Beschlussfeststellung). Ist er nicht rechtmäßig, kann der Verwalter den Beschluss anfechten. Ist er rechtmäßig, können ihn die Eigentümer innerhalb eines Monats anfechten. Ohne diese Anfechtung wird der Beschluss wirksam und bindet die Eigentümergemeinschaft.

VI. Gebrauch und Verwertung des Wohneigentums

1. Rechte der Eigentümer

Welche Nutzungsrechte hat der Eigentümer?

Der Wohnungseigentümer hat das Recht zur Nutzung seines **Sondereigentums** und des **Gemeinschaftseigentums**. Das Sondereigentum steht allein dem jeweiligen Eigentümer zu. Die anderen Eigentümer sind von der Nutzung ausgeschlossen. Dagegen steht die Nutzung des gemeinschaftlichen Eigentums, wie etwa Flure, Waschkeller oder Wege, oder der gemeinschaftlichen Einrichtungen, wie zum Beisiel Waschmaschinen oder die Sauna, grundsätzlich allen Eigentümern offen. Das Recht zum Gebrauch des gemeinschaftlichen Eigentums ist mit dem Miteigentum unabdingbar verbunden und nicht abhängig von der Größe des Miteigentumsanteils. Der Eigentümer kann seine Nutzungsrechte auf den Mieter seines Sondereigentums übertragen.

Wie darf das gemeinschaftliche Eigentum genutzt werden?

Der Wohnungseigentümer darf das gemeinschaftliche Eigentum in dem Umfang nutzen, dass er die anderen Eigentümer nicht in ihren Nutzungsrechten einschränkt. Damit ergibt sich der „konkrete" Umfang aus der Beschaffenheit der Gebrauchsgegenstände, der Gesamtzahl der Nutzer und natürlich der Größe des jeweiligen Miteigentumsanteils. Legt die Teilungserklärung bzw. Gemeinschaftsordnung (vgl. S. 21/24) keine Gebrauchsregelungen fest, können die Eigentümer den Gebrauch durch Mehrheitsentscheidungen regeln, etwa den Turnus der Waschküchennutzung oder die Schließregelung der Haustür. Eine Mehrheitsentscheidung ist trotz einer Vereinbarung in der Teilungserklärung beziehungsweise Gemeinschaftsordnung möglich, wenn sie einen solchen Beschluss zulässt (Öffnungsklausel). Jeder Eigentümer darf seine Nutzungsrechte nur schonend und im Rahmen des ordnungsgemäßen Gebrauchs ausüben.

Was ist der ordnungsgemäße Gebrauch?

Was ordnungsgemäßer Gebrauch ist, leitet sich aus den Regeln der Gemeinschaft ab. Der Gebrauch von Sonder- und Gemeinschaftseigentum ist grundsätzlich immer dann ordnungsmäßig, wenn er den gesetzlichen Vorschriften, den Vereinbarungen und Beschlüssen der Gemeinschaft entspricht. Finden sich dort keine Regeln, leitet sich der ordnungsmäßige Gebrauch aus den Interessen aller Eigentümer ab. Damit sind Sonder- und Gemeinschaftseigentum grundsätzlich gemäß der jeweiligen Zweckbestimmung (vgl. S. 30) so zu nutzen, dass andere Eigentümer nicht gestört und in ihren Rechten eingeschränkt werden.

Welche Rolle spielt die Hausordnung?

Die Hausordnung enthält **Regeln** und **Pflichten**, die das **Zusammenleben** der **Eigentümer** erleichtern sollen und gleichzeitig dazu dienen, die Ordnung und die Sicherheit im Gebäude und in den Außenanlagen zu wahren. Eine solche Hausordnung zählt zu den Maßnahmen der ordnungsgemäßen Verwaltung, d. h. jeder Wohnungseigentümer hat einen Anspruch darauf, dass eine Hausordnung erlassen wird. Die Hausordnung kann bereits Bestandteil der Teilungserklärung bzw. Gemeinschaftsordnung (vgl. S. 21/24) sein, sie wird jedoch regelmäßig – oft erst nach der Begründung des Wohnungseigentums – von den Eigentümern beschlossen. Die Gemeinschaft kann die Hausordnung zu jeder Zeit durch einen entsprechenden Mehrheitsbeschluss ändern. Die Hausordnung kann zwar allgemeine Verhaltensregeln aufstellen, sie darf die Rechte der Eigentümer jedoch nicht stärker beeinträchtigen als notwendig. So darf die Hausordnung etwa das Musizieren für bestimmte Zeiten untersagen, jedoch weder ganz ausschließen oder die Musizierzeiten so festlegen, dass die Regelung einem Verbot gleichkommt. Auch kann nicht vereinbart werden, dass auch ausländische Miteigentümer keine Parabolantennen anbringen dürfen oder dass ein völliges Duschverbot herrscht.

Üblicherweise **regeln Hausordnungen** Ruhezeiten, die Benutzung gemeinschaftlicher Einrichtungen wie Schwimmbad, Waschküche oder Fahrradräume, die Nutzung des Sondereigentums durch Wäschetrocknen, Grillen und Ähnliches, Sicherheitsregeln wie die Schließzeiten für die Haustür. Auch Regeln für die Nutzung des Gartens, der Sauna oder anderer gemeinschaftlicher Einrichtungen können enthalten sein. Der Verwalter muss auf die Regeln der Hausordnung hinweisen und zumindest stichprobenartig prüfen, ob sie eingehalten wird. Halten sich die Eigentümer nicht an die Hausordnung, muss der Verwalter Maßnahmen ergreifen, um für die Einhaltung der Hausordnung zu sorgen, zum Beispiel durch entsprechende Hinweise oder das Anbringen von Schildern. Die Gemeinschaft kann ihn auch berechtigen, gerichtlich durchzusetzen, dass die Regeln der Hausordnung beachtet werden. Auch Mieter müssen sich an die Hausordnung halten, sofern die Hausordnung im Mietvertrag wirksam vereinbart ist (vgl. S. 143).

Welche Grenzen gibt es für die Nutzung des gemeinschaftlichen Eigentums?

Der Wohnungseigentümer darf durch die Nutzung des Gemeinschaftseigentums die anderen Eigentümer nicht in ihren Rechten beschränken. Dies könnte bspw. dadurch geschehen, dass ein für den Gemeinschaftsgebrauch bestimmter Raum – Trockenraum – von einem Eigentümer zur alleinigen Nutzung – z. B. als Fitnessraum – in Beschlag belegt wird oder ein Teil der Grundstücksfläche wie eine private Terrasse oder als zusätzlicher Parkplatz genutzt wird. Ähnliches gilt für Garderoben oder Schränke in Fluren oder Reklameschilder an der Hausaußenwand. Der Wohnungseigentümer hat allerdings die Möglichkeit, sich ein Sondernutzungsrecht einräumen zu lassen.

Die Nutzung des Gemeinschaftseigentums muss im Einklang mit der **Zweckbestimmung** stehen. So darf etwa ein Trockenraum nicht zum Abstellen von Fahrrädern genutzt werden, ein Kinderspielplatz nicht als Parkplatz. Die Miteigentümer haben einen Anspruch darauf, dass die zweckwidrige Nutzung unterlassen wird, wenn sie dadurch Nachteile erleiden. Selbstverständlich können andere Zweckbestimmungen für das Teileigentum vereinbart werden. Gibt es keine Zweckbestimmungen oder ist diese zu unbestimmt, entscheiden die Wohnungseigentümer mehrheitlich über den Gebrauch. Die Eigentümer können auch durch eine Vereinbarung bestimmte Nutzungen untersagen oder von der Zustimmung des Verwalters bzw. des Verwaltungsbeirats abhängig machen.

▸ Wie sieht es mit Einnahmen aus dem gemeinschaftlichen Eigentum aus?

Auch ein Anteil an den sog. Früchten des gemeinschaftlichen Eigentums steht den Eigentümern zu. Diese Früchte können Früchte im tatsächlichen Wortsinn sein, also z. B. Obst oder Blumen. In der Regel wird es sich jedoch um Einkünfte handeln, z. B. Zinsen oder Dividenden aus Guthaben oder Wertpapieren, Entgelte für die Benutzung gemeinschaftlicher Einrichtungen wie z. B. der Waschmaschinen oder des Schwimmbads, oder Mieteinkünfte aus der Vermietung oder Verpachtung von Gemeinschaftseigentum, wie z. B. bei der Vermietung der nicht für den Hausmeister benötigten Hausmeisterwohnung oder gemeinschaftlicher Flurflächen an ein im Teileigentum befindliches Café (vgl. S. 95). Aber auch Einkünfte aus dem Verkauf einer „Obsternte“ würden zu den Einkünften der Gemeinschaft zählen. Diese Einnahmen werden den Eigentümern anteilmäßig nach ihren Miteigentumsanteilen bzw. nach dem vereinbarten Kostenverteilungsschlüssel zugewiesen. Über die Verteilung dieser „Früchte“ bedarf es eines Beschlusses der Wohnungseigentümer, der zugleich mit dem Beschluss über die Gesamt- und Einzelabrechnung erfolgt (vgl. S. 97). Verteilt wird nur der Reinertrag, also der Ertrag nach Abzug der Kosten.

▸ Dürfen Nutzungsentgelte erhoben werden?

Die Eigentümer können vereinbaren, Nutzungsentgelte für die Nutzung gemeinschaftlicher Einrichtungen zu erheben. Typische Beispiele sind z. B. Entgelte für die Nutzung des Schwimmbads, der Sauna oder der gemeinschaftlichen Waschmaschinen. Die Nutzungsentgelte müssen zur Deckung der Kosten der jeweiligen Einrichtung eingesetzt werden. Übersteigen die Entgelte die Kosten, sind sie für zukünftige Reparaturen oder Ersatzbeschaffungen zurückzustellen. Die Zweckbindung erlaubt keine andere Verwendung. Reichen die Entgelte nicht, die Kosten der Einrichtung zu decken, werden die verbleibenden Kosten gemäß dem gesetzlichen oder vereinbarten Kostenverteilungsschlüssel auf die Eigentümer verteilt.

Was sind Sondernutzungsrechte?

Sondernutzungsrechte regeln die Nutzung des gemeinschaftlichen Eigentums zugunsten einzelner Wohnungs- oder Teileigentümer, ohne jedoch die Eigentumsrechte zu berühren. Die Gemeinschaft kann einem einzelnen oder mehreren Sondereigentümern das ausschließliche Recht zur Nutzung eines exakt definierten Teils des Gemeinschaftseigentums durch eine Vereinbarung aller Eigentümer einräumen. Das Sondernutzungsrecht kann auf bestimmte Nutzungsarten beschränkt sein. Es gestattet jedoch nicht, bauliche Veränderungen vorzunehmen. So darf beispielsweise nicht einfach eine Terrasse angelegt werden, wenn ein Sondernutzungsrecht am Garten besteht, oder ein Durchbruch zum Dachboden mit Wendeltreppe geschaffen werden, wenn einer Wohnung das Sondernutzungsrecht am Dachboden zugeordnet wird. Wird ein Sondernutzungsrecht im Grundbuch eingetragen, wirkt es automatisch auch gegenüber neuen Eigentümern. Fehlt eine solche Eintragung, muss ein neuer Eigentümer der Vereinbarung ausdrücklich beitreten, damit sie weiter besteht. Tritt er nicht bei, verliert die Vereinbarung ihre Wirkung, das Sondernutzungsrecht entfällt. Durch Sondernutzungsrechte werden bspw. Garagen- oder Kraftfahrzeugstellplätze fest zugeordnet oder die Gartennutzung dem Eigentümer der Parterrewohnung zugewiesen. Die übrigen Mitglieder der Wohnungseigentümergemeinschaft sind damit von der Nutzung ausgeschlossen. Sondernutzungsrechte können direkt bei der Begründung des Wohnungseigentums in der Teilungserklärung (vgl. S. 21) festgelegt werden, wie es typisch für die Garten- oder Kellernutzung oder für PKW-Stellplätze ist. Doch können die Wohnungseigentümer auch zu einem späteren Zeitpunkt einstimmig beschließen, solche Sondernutzungsrechte einzuräumen. Das Recht muss im Grundbuch (vgl. S. 8) eingetragen werden, damit es auch späteren Erwerbern des Wohnungseigentums gegenüber gilt. In gleicher Weise können Sondernutzungsrechte geändert oder aufgehoben werden. Soll der Eigentümer, dem die Sondernutzungsrechte zustehen, auch die Kosten z. B. der Instandhaltung und Instandsetzung tragen, muss dies von den Wohnungseigentümern entsprechend vereinbart werden. Ohne eine solche Vereinbarung müssen sich grundsätzlich alle Wohnungseigentümer an den Kosten beteiligen.

2. Vermietung

▶ Dürfen Eigentumswohnungen vermietet werden?

Jeder Eigentümer kann über sein Eigentum eigenverantwortlich verfügen, dazu gehört natürlich auch die Vermietung. Das Recht zur Vermietung ist jedoch auf das Sondereigentum beschränkt, gemeinschaftliche Flächen oder Räume können von einem einzelnen Eigentümer nicht vermietet werden. Der Mieter kann die gemeinschaftlichen Räume und Flächen in dem Umfang nutzen, der auch dem vermietenden Wohnungseigentümer zusteht, sofern der Mietvertrag nichts anderes vorsieht. Für die Nutzung des gemeinschaftlichen Eigentums durch den Mieter darf von der Wohnungseigentümergemeinschaft kein zusätzliches Entgelt erhoben werden. Möglich ist jedoch eine Vereinbarung der Wohnungseigentümer, dass im Fall der Vermietung von Sondereigentum einmalig oder fortlaufend eine Vermietungspauschale an die Gemeinschaft zu zahlen ist.

▶ Gibt es Beschränkungen?

Bestimmte Beschränkungen kann die Eigentümergemeinschaft vereinbaren, doch kann die Vermietung nicht – auch nicht durch eine Vereinbarung – untersagt werden. Zunächst muss der Vermieter die **Zweckbestimmung** (vgl. S. 30) , wie sie den Räumen zugewiesen wurde, beachten. Wohnungseigentum darf folglich nur zum Wohnen oder für Zwecke genutzt werden, die allenfalls Störungen der anderen Wohnungseigentümer in vergleichbarem Umfang auslösen. Ist Teileigentum mit einem bestimmten Zusatz versehen, der die Nutzung festlegt, wie bspw. Nutzung als Laden, darf z. B. kein Café oder Fitness-Studio eingerichtet werden. Vermietet der Eigentümer entgegen der Zwecksetzung, können die übrigen Eigentümer ihren Anspruch auf Unterlassung im Wohnungseigentumsverfahren durchsetzen. Dazu müssen ihm jedoch aus der zweckwidrigen Vermietung Nachteile entstehen, die über die regelmäßig hinzunehmenden Beeinträchtigungen durch das Zusammenleben in einer Gemeinschaft hinausgehen. Der Mietvertrag bleibt grundsätzlich wirksam. Denn eine Vermietung entgegen dem vereinbarten Nutzungszweck ist ein – vermeidbarer – Fehler des Vermieters, so dass er den Vertrag aus diesem Grund grundsätzlich nicht kündigen kann. Der Vermieter ist jedoch verpflichtet, den Vertrag zum nächstmöglichen Termin zu kündigen. In der verbleibenden Zeit ist er zudem verpflichtet, die zweckwidrige Nutzung zu verhindern. Der Mieter seinerseits ist nicht verpflichtet, den Vertrag zu kündigen, er kann vielmehr Schadenersatz von seinem Vermieter fordern.

Auch bei der **Verwaltung** des **vermieteten Sondereigentums** können besondere Regeln gelten. Denn durch eine Vereinbarung können die Wohnungseigentümer sich verpflichten, die Verwaltung von vermietetem Sondereigentum grundsätzlich dem Verwalter der Wohnungseigentumsanlage (vgl. S. 89) zu übertragen.

▶ Müssen der Verwalter oder die Gemeinschaft der Vermietungsabsicht zustimmen?

Grundsätzlich kann jeder Eigentümer sein Sondereigentum vermieten. Dies kann von der Gemeinschaft nicht – auch nicht durch eine Vereinbarung – untersagt werden. Doch kann die Vermietung an die Zustimmung des Verwalters oder der Gemeinschaft gebunden werden. Dieses Recht darf von der Gemeinschaft nicht derart ausgeübt werden, dass die Zustimmungserfordernis einem Vermietungsverbot gleichkommt. Vielmehr kann die Zustimmung nur aus wichtigen Gründen verweigert werden, die in der Person des Mieters liegen. Das heißt aber auch, dass ein Eigentümer grundsätzlich Auskunft über den zukünftigen Mieter geben muss, damit der Verwalter oder die Miteigentümer eine Entscheidungsgrundlage haben.

▶ Wie gestaltet sich das Mietverhältnis?

Das Mietverhältnis gestaltet sich zunächst wie jedes andere Mietverhältnis, auch wenn einige Besonderheiten zu beachten sind. Dazu gehört insbesondere die **Zahlung der Betriebskosten**. Denn in die Betriebskosten darf das Hausgeld nicht in voller Höhe einfließen, sondern lediglich die umlagefähigen Bestandteile, sofern ihre Zahlung im Mietvertrag wirksam vereinbart wurde. Der Mieter kann bspw. zur Zahlung von anteiligen Müllkosten oder Fahrstuhlkosten herangezogen werden, jedoch nicht zur Zahlung der Verwaltergebühr oder der Instandhaltungsrücklage. Der Vermieter muss bei der Abrechnung der Betriebskosten grundsätzlich die Abrechnungsfrist beachten. Verzögert der Verwalter jedoch die Abrechnung der Hausgeldes, muss der Vermieter die Abrechnung nicht nur anmahnen, sondern im Zweifel auch gerichtlich gegen den Verwalter vorgehen, um seine Rechte gegenüber dem Mieter – insbesondere auf mögliche Nachzahlung der Betriebskosten – zu wahren. Verlangt der Mieter Einsicht in die Abrechnungsunterlagen, muss der Verwalter ihm diese Einsicht gewähren.

Der Wohnungseigentümer ist auch zur Instandhaltung und Instandsetzung verpflichtet. Treten am gemeinschaftlichen Eigentum – z. B. am Fahrstuhl – **Mängel** auf, die den vertragsgemäßen Gebrauch durch den Mieter einschränken, muss der Wohnungseigentümer dafür sorgen, dass diese Mängel ordnungsgemäß beseitigt werden und dem Mieter damit wieder der vertragsgemäße Gebrauch offensteht.

Mietverträge über Eigentumswohnungen können sowohl vom Mieter als auch vom Vermieter gemäß den üblichen gesetzlichen Vorschriften **gekündigt** werden. Dabei ist der Vermieter – wie auch bei der Vermietung von Wohnungen, die nicht im Sondereigentum stehen – auf bestimmte Kündigungsgründe, wie z. B. Eigenbedarf oder Vertragsverletzungen, beschränkt. Zudem muss er beachten, dass die von ihm einzuhaltenden Kündigungsfristen zunehmen, je länger der Mieter die Wohnung bewohnt (vgl. S. 18). Ein Erwerber muss bei der Berechnung der Kündigungsfristen die Zeiten mit einbeziehen, die der Mieter vor dem Verkauf in der Wohnung gelebt hat. Zudem genießt der Mieter einen besonderen Kündigungsschutz, wenn Wohnungen umgewandelt und anschließend erstmalig verkauft werden (vgl. S. 19/143).

▶ Und wenn es Probleme mit der Hausgemeinschaft gibt?

Entstehen durch den Mieter des vermieteten Sonder- oder Teileigentums Probleme in der Hausgemeinschaft, werden z. B. andere Eigentümer durch Lärm gestört oder wird die Wohnung unzulässigerweise zu gewerblichen Zwecken genutzt, ist grundsätzlich der vermietende Eigentümer verpflichtet, diese „Störungen" abzustellen. Die Wohnungseigentümer können vom vermietenden Eigentümer verlangen, dass er notwendige Maßnahmen einleitet. Sie haben auch die Möglichkeit, dazu ein gerichtliches Verfahren anzustrengen. Wie der Vermieter dies gegenüber seinem Mieter durchsetzt, ist allein ihm überlassen, daher kann er auch nicht gezwungen werden, dem Mieter zu kündigen. Die Vollstreckung eines gerichtlich zugesprochenen Anspruchs auf Unterlassung kann allerdings im Ernstfall durch Zwangsgeld und Zwangshaft vollstreckt werden. Solche Störungen ergeben sich üblicherweise daraus, dass der Mieter sich nicht an die Vereinbarungen und Gebrauchsregeln der Gemeinschaft hält, etwa an vereinbarte Musizierzeiten oder Wasch- und Trockentage.

▶ Was geschieht, wenn vermietete Wohnungen in Eigentumswohnungen umgewandelt werden?

Mietverträge umgewandelter Wohnungen bestehen grundsätzlich weiter, denn Kauf bricht nicht Miete. Immobilien, in denen eine oder alle Wohnungen vermietet werden, können durch Teilungserklärung in Wohnungseigentum umgewandelt werden. An dem Mietvertrag ändert sich zunächst nichts. Allerdings hat der Mieter im Falle eines Verkaufs ein gesetzliches Vorkaufsrecht, das allerdings auf den sog. ersten Verkaufsfall beschränkt ist, also auf den **ersten Verkauf** der Wohnung **nach** der **Umwandlung**. Hat der Mieter dieses Recht nicht ausgeübt und wird die Wohnung erneut verkauft, steht ihm dieses Recht nicht mehr zu. Der Mieter hat auch einen zusätzlichen gesetzlichen Kündigungsschutz, da der Gesetzgeber Sperrfristen eingeführt hat. Diese Sperrfrist beträgt regulär 3 Jahre, kann aber durch eine Landesverordnung auf 10 Jahre verlängert werden, wenn in bestimmten Gemeinden die Wohnraumversorgung als gefährdet gilt (vgl. S. 19).

Kann auch Gemeinschaftseigentum vermietet werden?

Auch gemeinschaftliches Eigentum kann vermietet werden. Ein typischer Fall ist die im Gemeinschaftseigentum befindliche Hausmeisterwohnung, die nicht für den Hausmeister verwendet werden muss und ohne Vermietung leer stehen würde. Gleichermaßen können gemeinschaftliche Flächen zum Beispiel an ein Café oder ein Blumengeschäft vermietet werden. Entsteht aus der Vermietung keinem Eigentümer ein Nachteil, können die Wohnungseigentümer über die Vermietung mit Mehrheit beschließen. Vertragspartner des Mieters wird die Wohnungseigentümergemeinschaft als Verband.

3. Verkauf der Eigentumswohnung

Können Eigentumswohnungen verkauft werden?

Jeder Wohnungseigentümer hat das Recht, sein Eigentum so zu nutzen und so darüber zu verfügen, wie es ihm beliebt. Dabei muss er sich im Rahmen der Gesetze bewegen und darf die Regeln des ordnungsgemäßen Gebrauchs nicht verletzen. Folglich hat jeder Wohnungseigentümer auch das Recht, seine Wohnung mit dem dazu gehörigen Miteigentumsanteil zu veräußern. Dieses Recht kann ihm auch nicht genommen werden. Die Wohnungseigentümer können also kein Veräußerungsverbot beschließen oder vereinbaren, und zwar weder in der Teilungserklärung noch durch eine nachträgliche Vereinbarung.

Kann dieses Recht zur Veräußerung eingeschränkt werden?

Das Veräußerungsrecht kann eingeschränkt werden. Denn die Gemeinschaft kann vereinbaren, dass ein Eigentümer sein Wohnungseigentum nur verkaufen kann, wenn die anderen **Wohnungseigentümer** diesem **Verkauf zustimmen**. Möglich ist auch, diese Beschränkung an die Zustimmung Dritter, i. d. R. an die des Verwalters, zu binden. Damit hat die Gemeinschaft die Möglichkeit, Einfluss zu nehmen, wer als neuer Eigentümer Mitglied der Gemeinschaft mit allen Rechten und Pflichten wird. Diese Veräußerungsbeschränkung muss in der Teilungserklärung niedergelegt oder von den Eigentümern wirksam vereinbart werden. Nach der WEG-Reform können Eigentümer mit einfacher Mehrheit beschließen, eine einmal vereinbarte Veräußerungsbeschränkung aufzuheben. Die Veräußerungsbeschränkung gilt im Übrigen auch, wenn ein Eigentümer verurteilt wird, sein Wohnungseigentum zu verkaufen. Die Gemeinschaft kann aber nicht von vorneherein den Verkauf an bestimmte Personen oder Personengruppen untersagen oder den Erwerberkreis auf bestimmte Personen oder Personengruppen beschränken. Eine solche weitgehende Verfügungsbeschränkung kann weder durch eine Klausel in der Teilungserklärung bzw. Gemeinschaftsordnung noch durch eine Vereinbarung festgestellt werden.

Die Zustimmung zur Veräußerung muss dem Grundbuchamt gegenüber in notariell-beglaubigter Form nachgewiesen werden, damit der **Verkauf** im **Grundbuch eingetragen** werden kann. Bis die Zustimmung erteilt wird, bleibt der Vertrag schwebend unwirksam. Wurde eine Veräußerungsbeschränkung durch Mehrheitsbeschluss (neues Recht) aufgehoben, muss dies dem Grundbuch gegenüber nachgewiesen werden. Dazu reicht es, wenn dem Grundbuchamt die Niederschrift über den Aufhebungsbeschluss vorgelegt wird. Die Unterschriften unter der Niederschrift müssen allerdings öffentlich beglaubigt werden.

▶ Kann die Gemeinschaft die Zustimmung verweigern?

Die Wohnungseigentümer können die Zustimmung zum Verkauf verweigern, wenn ein wichtiger Grund vorliegt. Wichtige Gründe können nur in der Person des Käufers liegen, nicht jedoch in der Person des Verkäufers, wenn dieser etwa noch Zahlungsrückstände gegenüber der Gemeinschaft hat. Als wichtiger Grund wird bspw. anerkannt, dass der Erwerber nachgewiesenermaßen nicht zahlungsfähig ist oder beabsichtigt, die Wohnung in einer nicht zumutbaren Weise, bspw. als Bordell, zu nutzen. Allein der persönliche Eindruck, dass bestimmte Personen unzumutbar sind, reicht nicht aus.

Und wenn die Gemeinschaft ihre Zustimmung nicht gibt?

Jeder Wohnungseigentümer hat einen Anspruch darauf, dass die Miteigentümer dem Verkauf der Wohnung zustimmen, sofern keine wichtigen Gründe vorliegen. Wird die Zustimmung jedoch nicht gewährt, muss der Verkäufer seinen Anspruch gerichtlich durchsetzen. Wurde die Zustimmung zu Unrecht verweigert oder zu spät erteilt und ist dem Verkäufer dadurch ein Schaden entstanden, hat er einen Schadenersatzanspruch gegenüber demjenigen, der die Zustimmung hätte erteilen müssen, also gewöhnlich gegenüber dem Verwalter oder der Wohnungseigentümergemeinschaft.

Können auch vermietete Eigentumswohnungen verkauft werden?

Auch vermietete Eigentumswohnungen können verkauft werden. Doch muss jeder Käufer berücksichtigen, dass er in die Rechte und Pflichten des „alten" Eigentümers und Vermieters eintritt. D. h. der Mietvertrag bleibt unverändert bestehen, lediglich der Vermieter wechselt mit der Eintragung des neuen Eigentümers im Grundbuch. Will der neue Eigentümer die Wohnung zukünftig selbst nutzen, muss er dem Mieter wegen Eigenbedarf kündigen und dabei sowohl die gesetzlichen Kündigungsfristen als auch die speziellen Anforderungen an die Eigenbedarfskündigung beachten (vgl. S. 18). Will er die Wohnung weiter vermieten, hat er keine außerordentliche Kündigungsmöglichkeiten gegenüber dem bisherigen Mieter. Er hat auch keinen Anspruch auf Abschluss eines neuen Mietvertrages, wenn ihm der alten Vertrag oder auch einige Vereinbarungen aus diesem Vertrag nicht zusagen. Auch eine Mieterhöhung ist nur unter Beachtung der gesetzlichen Vorschriften möglich.

4. Zwangsvollstreckung Dritter in das Wohneigentum

Wann kann es zu einer Zwangsvollstreckung kommen?

Unter Zwangsvollstreckung werden eine ganze Reihe verschiedener Zwangsmaßnahmen zusammengefasst, die auch gegenüber Wohnungseigentümern ergriffen werden können. Voraussetzung ist, dass die Zwangsvollstreckung rechtskräftig durch ein Gericht angeordnet wurde, dem Zwangsvollstreckungsgläubiger also ein **Zwangsvollstreckungstitel** zugesprochen wird. Diesen Weg können nicht nur Dritte, also zum Beispiel Handwerker oder Kreditinstitute, beschreiten, sondern auch Wohnungseigentümer. Denkbar ist die Zwangsvollstreckung zur Durchsetzung von erwünschten Maßnahmen, zur Untersagung bestimmter Handlungen oder Verhaltensweisen oder zur Beitreibung von Forderungen.

▶ Wie erhalten Wohnungseigentümer einen Vollstreckungstitel?

Auch in Wohnungseigentumssachen folgt die Zwangsvollstreckung den Vorschriften der Zivilprozessordnung. Zunächst benötigt die Gemeinschaft folglich einen Vollstreckungstitel, der in der Regel vom Amtsgericht von der Abteilung für Wohnungseigentumssachen erteilt wird und dem Schuldner zugestellt werden muss. Ein solcher Titel kann jedoch auch aus gerichtlichen Vergleichen oder einstweiligen Anordnungen stammen. Der Titel muss die Wohnungseigentümergemeinschaft genau bezeichnen.

▶ Wie können Geldforderungen durchgesetzt werden?

Um Geldforderungen abzusichern, kann zunächst eine Zwangssicherungshypothek ins Grundbuch eingetragen werden. Notwendige Voraussetzung der Eintragung ist jedoch ein Zahlungstitel. Durch die **Zwangssicherungshypothek** erhält der Gläubiger noch kein Geld, dazu wäre eine Zwangsversteigerung oder Zwangsverwaltung notwendig. Doch ist die Schuld dinglich abgesichert. Wird das Wohnungseigentum verkauft bzw. zwangsversteigert, sind die Ansprüche des Gläubigers gewahrt. Ist die Schuld getilgt, muss die Zwangssicherungshypothek gelöscht werden. Der Anspruch, die Löschungsbewilligung zu erhalten, besteht gegenüber jedem Gläubiger und daher auch gegenüber der Wohnungseigentümergemeinschaft.

Insbesondere wenn die Gemeinschaft Geldforderungen durchsetzen will, kann sie die Zwangsverwaltung des Sondereigentums des Miteigentümers veranlassen. Das letzte Mittel, um die Geldforderung zu befriedigen, ist jedoch die **Zwangsversteigerung**. Sie setzt voraus, dass ein entsprechender Titel vorliegt. Die Forderung wird aus dem Versteigerungserlös befriedigt. Nach der WEG-Reform wird Hausgeldforderungen nun ein begrenzter Vorrang vor erstrangig eingetragenen Grundschulden eingeräumt. Die Begrenzung liegt insbesonders in der Höhe und im Alter der Hausgeldforderungen.

Und wenn Maßnahmen durchgesetzt werden sollen?

Auch bestimmte Handlungen oder Maßnahmen können zwangsweise durchgesetzt werden. Das ist immer dann möglich, wenn solche Handlungen vertretbar sind, also ein Dritter sie ebenso gut durchführen kann. Hat etwa ein Wohnungseigentümer ohne Zustimmung der Miteigentümer eine bauliche Maßnahme durchgeführt, die die anderen in nicht hinnehmbarem Maße stört, kann das Gericht anordnen, dass diese bauliche Veränderung wieder rückgängig gemacht wird. Weigert sich der unterlegene Wohnungseigentümer nun, die entsprechenden Maßnahmen zu veranlassen, kann das Gericht den klagenden Wohnungseigentümern das Recht zusprechen, die notwendigen Maßnahmen auf Kosten des Vollstreckungsschuldners vorzunehmen bzw. vornehmen zu lassen. Das bedeutet, dass die Gemeinschaft entsprechende Unternehmen oder Handwerker beauftragt, zum Beispiel eine nicht genehmigte und störende Baumaßnahme wieder rückgängig zu machen. Auf einen entsprechenden Antrag hin, kann der betroffene Wohnungseigentümer zudem gezwungen werden, einen Vorschuss auf die Kosten zu leisten. Ist der betroffene Eigentümer darauf angewiesen, dass ein Dritter mitwirkt, damit er die Forderung der Gemeinschaft erfüllen kann, nimmt das Verfahren grundsätzlich den gleichen Weg. Das kann beispielseise der Fall sein, wenn ein Mieter zustimmen muss, dass die bauliche Maßnahme in seiner Wohnung durchgeführt wird. Macht dieser Dritte jedoch unzweifelhaft klar, dass er dies nicht dulden wird, und kann ihn der betroffene Eigentümer auch nicht dazu zwingen, bleibt den übrigen Wohnungseigentümern meist nur noch eine Schadenersatzforderung.

▶ Und wenn mit notwendigen Maßnahmen niemand anders betraut werden kann?

Können notwendige Maßnahmen nicht von Dritten ergriffen werden, handelt es sich also um sog. unvertretbare Handlungen, kann das Gericht als Zwangsmittel ein sog. Zwangsgeld oder die Zwangshaft verhängen. Damit ist zwar noch nicht das gewünschte Ergebnis erreicht, aber es wird ein starker Druck auf den Schuldner ausgeübt. Dieses Mittel bietet sich auch an, wenn bestimmte Handlungen für die Zukunft unterlassen werden sollen wie etwa ein Verstoß gegen die Hausordnung.

▶ Kann auch gegen den Verwalter vollstreckt werden?

Selbstverständlich ist auch eine Zwangsvollstreckung gegen den Verwalter möglich. Diese Möglichkeit besteht nicht nur in den Fällen, in denen die Gemeinschaft finanzielle Forderungen gegen den Verwalter hat. Sie besteht auch, wenn der Verwalter z. B. veranlasst werden soll, die Hausgeldabrechnung zu erstellen. Allerdings muss speziell in diesem Fall gleichzeitig die Herausgabe der notwendigen Unterlagen beantragt werden, damit ein Dritter überhaupt mit der Abrechnung betraut werden kann.

▶ Und wer trägt die Kosten?

Die Kosten der Zwangsvollstreckung trägt grundsätzlich der Vollstreckungsschuldner. Vollstrecken die Eigentümer jedoch gegen einen Miteigentümer, weil dieser seinen Zahlungsverpflichtungen nicht mehr nachkommen kann, ist davon auszugehen, dass er auch die Kosten der Zwangsvollstreckung nicht zahlen kann. Die Kosten verbleiben dann bei der Wohnungseigentümergemeinschaft.

5. Zwangsverwaltung

▶ Was bedeutet Zwangsverwaltung?

Wird eine Wohnung zwangsverwaltet, wird dem Eigentümer das Recht entzogen, seine Wohnung selbst zu verwalten und zu nutzen.

Dieses Recht geht auf den Zwangsverwalter über. Ist eine Wohnung vermietet, kann der Zwangsverwalter die Mieterträge nutzen, die zugrunde liegenden Geldforderungen zu erfüllen. Bewohnt der Schuldner die Eigentumswohnung jedoch selbst, kann zwar die Zwangsverwaltung angeordnet werden, doch stehen Mieteinnahmen nicht zur Verfügung. Auch auf den Anteil des Wohnungseigentümers am Verwaltungsvermögen der Gemeinschaft kann der Zwangsverwalter nicht zugreifen und z. B. die Auszahlung der anteiligen Instandhaltungsrückstellung verlangen. Hausgeld und Sonderumlagen müssen grundsätzlich weiter gezahlt werden.

▸ Wie gestaltet sich das Verhältnis zur Gemeinschaft?

Der Zwangsverwalter tritt gegenüber der Gemeinschaft an die Stelle des Wohnungseigentümers. Er nimmt also die Rechte des Eigentümers wahr, wie z. B. das Stimmrecht in der Wohnungseigentümerversammlung. Er übernimmt jedoch auch die Pflichten. Dazu gehört etwa die Mitwirkung an notwendigen Beschlüssen oder die Zahlung des Hausgeldes. Ist die Eigentumswohnung vermietet, muss er dafür Sorge tragen, dass der Mieter sich an die Hausordnung hält.

5.3 Was geschieht mit Zahlungsverpflichtungen in der Zwangsverwaltung?

Auch Zahlungsverpflichtungen während der Dauer der Zwangsverwaltung müssen erfüllt werden. Der Zwangsverwalter muss also auch das beschlossene Hausgeld zahlen. Das gilt auch für den Anteil an den Instandhaltungsrückstellungen. Das Hausgeld muss der Zwangsverwalter auch leisten, wenn aus den Mieteinnahmen aus der Eigentumswohnung vorwiegend die Gläubiger befriedigt werden sollen. Stehen jedoch fällige Hausgelder aus der Zeit vor der Anordnung der Zwangsverwaltung aus, besteht seitens der Gemeinschaft kein Anspruch darauf, dass diese Außenstände ausgeglichen werden. Der Zwangsverwalter haftet nur für den Ausgleich von Restforderungen aus der Jahresabrechnung. Dies führt sogar so weit, dass die Gemeinschaft zur Rückzahlung verpflichtet ist, wenn der Zwangsverwalter irrtümlich eine Zahlung auf Hausgeldschulden aus vergangenen Jahren leistet, die in den Hausgeldabrechnungen enthalten waren.

6. Abmahnung und Entziehung

▶ Kann ein Eigentümer wirklich zum Verkauf gezwungen werden?

Verletzt ein Wohnungseigentümer seine Pflichten gegenüber den Miteigentümern, können diese verlangen, dass er dies unterlässt, beispielsweise seine Pflichten erfüllt. Ändert er jedoch sein Verhalten nicht oder verletzt er seine Verpflichtungen so erheblich, dass es den anderen Eigentümern nicht mehr zugemutet werden kann, in der Gemeinschaft mit ihm zusammenzuleben, kann ihm sogar das Eigentum entzogen werden. Die Gemeinschaft kann verlangen, dass er sein Eigentum verkauft. Dieser harte Eingriff in das Eigentumsrecht des Einzelnen setzt aber voraus, dass alle anderen Mittel, also Abmahnungen und ein gerichtliches Verfahren zur Klärung der Pflichten der Mitglieder der Wohnungseigentümergemeinschaft, ausgeschöpft sind und zu keiner Änderung des Verhaltens geführt haben.

▶ Welche Gründe führen zu dem Verlust des Eigentums?

Bevor Wohnungseigentum entzogen werden kann, müssen Pflichten schuldhaft und schwerwiegend verletzt werden. Diese Pflichtverletzung muss so schwerwiegend sein, dass den anderen Wohnungseigentümern trotz Abwägung aller Interessen der Beteiligten – also auch des betroffenen Eigentümers – das Zusammenleben nicht mehr zugemutet werden kann. Denn diese Maßnahme stellt einen schwerwiegenden Eingriff in die Eigentumsrechte dar. Solche Gründe liegen bspw. vor, wenn der Wohnungseigentümer mit Zahlungen im Rückstand ist, die 3 % des Einheitswertes seines Wohnungseigentums überschreiten, und zwar für einen Zeitraum von länger als 3 Monaten. Der Wohnungseigentümer kann jedoch verhindern, dass ihm sein Eigentum entzogen wird, indem er seiner Zahlungsverpflichtung nachkommt. Diese Möglichkeit besteht bis in die letzte mündliche Verhandlung hinein. Auch erhebliche Belästigungen, wie z. B. wiederholte Sachbeschädigungen oder dauernde schwere

Beleidigungen, können ein solches Verfahren rechtfertigen. Gerichtlich nicht als ausreichend anerkannt wurden dagegen schwere verbale Auseinandersetzungen oder mehrfaches Prozessieren gegen die Gemeinschaft.

Der Wohnungseigentümer verletzt seine Pflichten nicht nur dann schuldhaft, wenn er selbst der Verursacher ist, sondern auch dann, wenn er für das **Verhalten Dritter** einstehen muss. Zu diesen Dritten zählt auch der Mieter, der wiederholt das Gemeinschaftseigentum beschädigt oder andere Eigentümer beleidigt. Denn der Vermieter hätte die Möglichkeit, Abmahnungen auszusprechen und dem Mieter nötigenfalls zu kündigen. Ergreift er diese Maßnahmen nicht, um für ein ordnungsmäßiges Verhalten des Mieters zu sorgen, kann ihm gegenüber nicht nur die Abmahnung ausgesprochen werden, sondern ihm kann im Extremfall auch das Eigentum entzogen werden.

▶ Wie läuft ein solches Verfahren ab?

Zunächst muss die Gemeinschaft einen Beschluss über die Entziehung des Wohnungseigentums treffen. Dazu bedarf es einer Mehrheit von mehr als der Hälfte der stimmberechtigten Wohnungseigentümer, wobei der betroffene Eigentümer bei der Abstimmung kein Stimmrecht hat. Unabhängig von den Bestimmungen der Teilungserklärung über das Stimmrecht gilt in jedem Fall das Kopfstimmrecht. Der betroffene Eigentümer kann diesen Beschluss anfechten. In diesem Anfechtungsverfahren wird allerdings nur das Zustandekommen des Beschlusses geprüft. Zu prüfen, inwieweit der Beschluss begründet ist, bleibt einem Zivilprozess vorbehalten. Weigert sich der Eigentümer zu verkaufen, muss die Gemeinschaft diesen Schritt in einem Zivilprozess erzwingen. Wird der Eigentümer schließlich verurteilt, sein Eigentum zu veräußern, kann aus dem Urteil heraus die Zwangsvollstreckung betrieben werden. Neben der Gemeinschaft ist auch jeder der Wohnungseigentümer berechtigt, den Beschluss auf Entziehung des Wohnungseigentums gerichtlich durchzusetzen.

VII. Eigentümerwechsel

1. Wirksamwerden des Wechsels

▶ Wann wird der Eigentümerwechsel wirksam?

Mit dem Kaufvertrag vereinbaren die beiden Vertragsparteien den Kauf bzw. Verkauf der Eigentumswohnung. Doch das Eigentum an der Wohnung geht erst dann auf den Erwerber über, wenn dieser Kauf auch im Grundbuch eingetragen ist, und zwar mit dem Zeitpunkt der Eintragung. In der Regel vereinbaren die Kaufparteien, dass mit diesem Zeitpunkt auch Nutzen und Lasten auf den Erwerber übergehen. Das betrifft etwa Mietzahlungen bei vermieteten Eigentumswohnungen, die der Mieter von diesem Zeitpunkt an an den neuen Eigentümer zu zahlen hat, aber auch die Betriebskosten, wie zum Beispiel Strom- und Wasserkosten. Der neue Eigentümer ist vom Zeitpunkt der Grundbucheintragung an verpflichtet, sich an den Lasten des gemeinschaftlichen Eigentums anteilig zu beteiligen. Auch wenn der neue Eigentümer bereits vorher in der Wohnung lebte oder schon längere Zeit ein Vorkaufsrecht oder gar die Auflassungsvormerkung im Grundbuch eingetragen war, bleibt der Zeitpunkt der Eintragung des Eigentümerwechsels der Stichtag zum Übergang von Nutzen und Kosten und zum Übergang der Haftung.

2. Haftung der ausgeschiedenen Eigentümer

▶ Wie lange muss ein Verkäufer noch an die Gemeinschaft zahlen?

Grundsätzlich muss der Verkäufer einer Wohnung so lange seinen Zahlungsverpflichtungen gegenüber der Gemeinschaft nachkommen, bis der Käufer als neuer Eigentümer im Grundbuch eingetragen ist. Das gilt insbesondere für die laufenden Kosten und Lasten, für die ein Eigentümer gemäß Beschluss der Gemeinschaft Vorschüsse zu leisten hat. Vereinbaren die Vertragsparteien im Kaufvertrag, dass der Erwerber bereits zum Zeitpunkt des Vertragsabschlusses die Zahlung der Vorschüsse übernimmt, und kommt er diesen Zahlungsverpflichtungen nicht nach, bleibt der Verkäufer gegenüber der Gemeinschaft in der Haftung und kann von der Gemeinschaft zur Zahlung der Vorschüsse verpflichtet werden.

Und wenn der Verkäufer Hausgeldvorschüsse nicht gezahlt hat?

Für nicht gezahlte Vorschüsse haftet der Verkäufer auch, wenn er die Wohnung verkauft. Mit dem Zeitpunkt des Verkaufs geht zwar die Zahlungspflicht für die laufenden Vorschüsse auf den Erwerber über, er haftet jedoch nicht für die Hausgeldrückstände seines Vorgängers. Im Kaufvertrag können die Vertragsparteien vereinbaren, dass der Erwerber auch für diese Forderungen der Gemeinschaft haftet. Zahlt der Käufer aber für Hausgeldrückstände, ohne dass im Kaufvertrag dazu eine vertragliche Verpflichtung geschaffen wurde, hat er einen Anspruch gegen den Verkäufer auf Ausgleich dieser Zahlung.

Wie lange haftet der Verkäufer für Schäden am Eigentum?

Natürlich haftet der Veräußerer einer Wohnung für solche Schäden am Gemeinschaftseigentum, die er verursacht hat, solange er im Grundbuch eingetragen ist. Das gilt auch für Schäden, die ein Dritter verursacht hat, zum Beispiel ein Handwerker oder sein Umzugsunternehmen, und für die er verantwortlich gemacht werden kann. Doch der Verkäufer haftet auch dann für Schäden, wenn er die Wohnung bereits dem zukünftigen Eigentümer überlassen hat, und dieser das gemeinschaftliche Eigentum beschädigt.

Wie lange haftet der Verkäufer gegenüber Dritten?

Bisher bestand die Auffassung, dass der Verkäufer einer Eigentumswohnung gegenüber Dritten, also Handwerkern und Lieferanten, für alle Verbindlichkeiten haftet, die entstanden sind, während er Eigentümer der Wohnung, also Mitglied der Wohnungseigentümergemeinschaft war. Wurde etwa ein Vertrag über eine Sanierung der Außenfassade geschlossen, bevor er sein Eigentum verkaufte, konnte der Handwerker ihn zur Haftung heranziehen, der alte Eigentümer hatte einen Anspruch gegen die Gemeinschaft. Die Reform des Wohnungseigentumsrechts stellt nun klar, dass zwar weiterhin jeder Wohnungseigentümer seinem Gläubiger gegenüber für die Verbindlichkeiten haftet, die während seiner Zugehörigkeit zur Gemeinschaft entstanden bzw. fällig geworden sind, aber nur in Höhe seines Miteigentumsanteils. Die Haftung ist auf fünf Jahre begrenzt.

▶ Und wenn der Verkäufer bauliche Veränderungen durchgeführt hat?

Sind bauliche Veränderungen ohne eine entsprechende Zustimmung der Gemeinschaft durchgeführt worden, hat die Gemeinschaft ebenso wie jeder einzelne Eigentümer einen Anspruch auf Beseitigung. Das ändert sich im Fall eines Eigentümerwechsels. Der Erwerber kennt das Sonder- und Teileigentum, so wie es im Kaufzeitpunkt gestaltet ist, und kennt damit auch die bauliche Veränderung. Daher kann er grundsätzlich nicht verlangen, dass der ursprüngliche Zustand wiederhergestellt wird. Im umgekehrten Fall kann auch die Gemeinschaft von einem Erwerber nicht verlangen, dass er auf eigene Kosten einen baulichen Zustand wiederherstellt, den sein Vorgänger – ohne Zustimmung der Gemeinschaft – verändert hat. Die Gemeinschaft könnte in diesem Fall den Rückbau veranlassen, damit wäre der Verkäufer des Wohnungseigentums schadenersatzpflichtig. Die Wiederherstellung des ursprünglichen Zustands muss der Erwerber dulden.

3. Haftung der Wohnungseigentümergemeinschaft

▶ Wie haftet die Wohnungseigentümergemeinschaft gegenüber Dritten?

Da Rechtsprechung und WEG-Reform die Teilrechtsfähigkeit der Wohnungseigentümergemeinschaft erkannt hat, haftet die Wohnungseigentümergemeinschaft (als Verband) nun Dritten gegenüber für die Begleichung von Forderungen mit ihrem Verwaltungsvermögen. Kann die Forderung aus den liquiden Mitteln nicht beglichen werden, können Dritte, also der Handwerker oder Lieferant, in das Verwaltungsvermögen hinein pfänden. Davon können auch Hausgeldzahlungen betroffen sein, die zwar fällig waren, aber noch nicht gezahlt wurden. Auch andere Zahlungen, zum Beispiel Sonderumlagen, können zur Begleichung der Forderung gepfändet werden. Sind der Gemeinschaft Schäden entstanden, weil einzelne Wohnungseigentümer entsprechende Beschlüsse schuldhaft verzögert oder verhindert haben, und verfügt die Gemeinschaft aus diesem Grund nicht über die notwendigen Gelder, können die betreffenden Eigentümer für diese Schäden in Anspruch genommen werden.

▶ Und wenn das Verwaltungsvermögen nicht ausreicht?

Wenn das Verwaltungsvermögen nicht ausreicht, kann sich der Gläubiger auch direkt an die Wohnungseigentümer wenden. Sie haften allerdings nur im Verhältnis ihres Miteigentumsanteils für die Forderung.

▶ Gibt es eine Nachzahlungspflicht der Wohnungseigentümer?

Im Rahmen der ordnungsgemäßen Verwaltung sind die Eigentümer verpflichtet dafür zu sorgen, dass die Gemeinschaft stets über eine ausreichende Liquidität verfügt. Können die im Wirtschaftsjahr geleisteten Hausgeldzahlungen die angefallenen Verpflichtungen nicht decken, müssen die Wohnungseigentümer Nachzahlungen leisten. Diese Nachzahlungen ergeben sich aus den Einzelabrechnungen, die aus dem Wirtschaftsplan für das jeweilige Sondereigentum abgeleitet werden. Treten während des Wirtschaftsjahres Liquiditätsprobleme auf, weil die von den Eigentümern geleisteten Vorauszahlungen zur Deckung der laufenden Kosten der Verwaltung nicht ausreichen, müssen die Eigentümer als Sonderumlage eine Liquiditätsumlage leisten. Dazu bedarf es eines Beschlusses. Die Sonderumlage wird gemäß dem gesetzlichen oder vereinbarten Kostenverteilungsschlüssel verteilt.

Und wenn kein Beschluss gefasst wird?

Einen entsprechenden Beschluss zu fassen, damit die Gemeinschaft liquide ist und ihre Zahlungsverpflichtungen erfüllen kann, zählt zu den Pflichten der ordnungsgemäßen Verwaltung. Trifft die Gemeinschaft einen solchen Beschluss nicht, ist jeder einzelne Eigentümer verpflichtet, einen solchen Beschluss herbeizuführen. Lehnen die Eigentümer einen entsprechenden Beschluss ab, macht sich jeder Eigentümer, der diesen Beschluss nicht anficht, gegenüber der Gemeinschaft schadenersatzpflichtig.

Und wenn einzelne Wohnungseigentümer in Zahlungsverzug kommen?

Auch wenn einzelne Wohnungseigentümer in Zahlungsverzug geraten, müssen die regelmäßigen Verpflichtungen der Gemeinschaft beglichen werden. Damit die Gemeinschaft nicht in Zahlungsverzug gerät, besteht auch in diesem Fall eine **Nachschusspflicht**. Diese zusätzlichen Zahlungen werden wiederum als Sonderumlage erhoben, die gemäß dem gesetzlichen bzw. vereinbarten Kostenverteilungsschlüssel verteilt wird. Folgerichtig ist auch der Wohnungseigentümer an der Umlage zu beteiligen, der mit seinen laufenden Zahlungen im Rückstand ist. Da dieser Eigentümer seine Zahlungsverpflichtung sicher auch in diesem Fall nicht erfüllen kann, muss die Umlage um diesen Anteil höher sein als der zugrunde liegende Fehlbetrag. Die Eigentümer haben jedoch einen **Zahlungsanspruch gegen** den **säumigen Wohnungseigentümer**.

Die Rechtsprechung lässt jedoch zu, dass die Eigentümergemeinschaft eine **Versorgungssperre** verhängen kann. Das ist immer dann möglich, wenn Wasser, Strom und Wärme direkt mit der Wohnungseigentümergemeinschaft abgerechnet wird und eben nicht direkt mit den jeweiligen Versorgungsunternehmen. Dann können die Eigentümer die Versorgung unterbrechen. Zulässig ist diese Verfahrensweise jedoch nur bei erheblichen Zahlungsrückständen und wenn keine anderen Möglichkeiten bestehen, die Hausgeldforderungen noch zu begleichen.

Gerät ein säumiger Wohnungseigentümer – durch andere nicht bediente Zahlungsverpflichtungen – in die **Zwangsversteigerung**, wird den anderen Wohnungseigentümern durch die Reform des Wohnungseigentumsrechts wegen fälliger laufender und rückständiger Hausgeldzahlungen nun eine Vorrangstellung eingeräumt. Bis zu einem Betrag in Höhe von 5 Prozent des vom Versteigerungsgericht festgesetzten Verkehrswerts des Wohnungseigentums werden die Beträge der letzten beiden Kalenderjahre vor anderen – auch höherrangigen – Grundschulden aus dem Versteigerungserlös bedient. Allerdings müssen die rückständigen Hausgelder mindestens 3 Prozent des Verkehrswerts betragen und es muss ein Zahlungstitel vorliegen.

▸ Was bedeutet die gesamtschuldnerische Haftung?

Nach bisheriger Rechtsauffassung haftete die Gemeinschaft gesamtschuldnerisch gegenüber Dritten, beispielsweise Heizöllieferanten oder Handwerkern. Hatte also etwa ein Handwerker eine Forderung gegenüber der Gemeinschaft, die aufgrund einer Illiquidität der Gemeinschaft nicht beglichen wurde, konnte er jedes Mitglied der Gemeinschaft in voller Höhe der Zahlungsverpflichtung in Anspruch nehmen. Zwar hatte der betroffene Eigentümer wiederum einen Anspruch gegen die Mitglieder der Gemeinschaft, doch musste er in Vorlage treten. Dies hat sich durch die Teilrechtsfähigkeit des Verbandes nun geändert. Denn die Wohnungseigentümer haften nur noch dann gesamtschuldnerisch, wenn sie – bzw. ihr Vertreter – sich dazu verpflichten. Zwar können Gläubiger sich auch nach der Reform des Wohnungseigentumsgesetzes weiterhin direkt an die Wohnungseigentümer wenden, um ihre Verbindlichkeiten einzufordern. Doch haftet dann jeder Wohnungseigentümer grundsätzlich nur in Höhe seines Miteigentumsanteils.

▸ Kann die Wohnungseigentümergemeinschaft insolvent werden?

Trotz der Teilrechtsfähigkeit der Wohnungseigentümergemeinschaft hat der Gesetzgeber eine Insolvenzfähigkeit der Gemeinschaft ausdrücklich ausgeschlossen.

4. Haftung des Erwerbers

▶ Für welche Zahlungen gegenüber der Gemeinschaft haftet der Erwerber?

Grundsätzlich haftet der Erwerber für alle Kosten und Lasten, die seit der Eintragung im Grundbuch entstanden sind. Entscheidend für die Haftung sind der Zeitpunkt der Beschlussfassung und der Fälligkeit dieser Kosten und Lasten. Eindeutig ist dies für Kosten, wie z. B. Vorschüsse, Sonderumlagen oder eine Erhöhung der Instandhaltungsrückstellung, über die die Wohnungseigentümerversammlung erst entschieden hat, nachdem der Eigentümerwechsel stattgefunden hat. Denn in diesen Fällen war der Erwerber am Beschluss oder an der Vereinbarung mit beteiligt. Dies trifft aber auch auf solche Kosten zu, über die vor dem Eigentümerwechsel entschieden wurde, die aber erst nach dem Eigentumsübergang zu zahlen sind. Denn an solche Beschlüsse ist grundsätzlich auch der Erwerber gebunden. Davon betroffen sind etwa die regelmäßigen Vorschüsse, die ein Eigentümer zur Deckung der laufenden Kosten zu zahlen hat. Der neue Eigentümer trägt die Kosten vom Zeitpunkt der Eintragung im Grundbuch an.

▶ Was geschieht mit Forderungen aus der Zeit vor dem Eigentümerwechsel?

In diesem Fall ist genau zu unterscheiden, um was für Forderungen es sich handelt. Hat die Gemeinschaft noch Forderungen gegenüber dem Voreigentümer, weil dieser z. B. seiner **Vorschusspflicht** nicht nachgekommen ist, haftet der neue Eigentümer dafür nicht. Denn diese Vorschusspflicht wurde im Wirtschaftsplan begründet, über den der alte Eigentümer noch mitentschieden hat und durch den der alte Eigentümer zur Zahlung verpflichtet wurde. Daran ändert auch ein späterer Beschluss über die Jahresabrechnung, an dem der neue Eigentümer schon beteiligt ist, nichts.

Stellt sich jedoch erst nach dem Eigentumsübergang heraus, dass in der Jahresabrechnung des abgeschlossenen Abrechnungsjahres – im Extremfall aber auch früherer Abrechnungsjahre – ein **Fehlbetrag** entstanden ist, weil die tatsächlichen Ausgaben höher waren als im

Wirtschaftsplan veranschlagt, und ergeben sich daraus Nachforderungen, ist der Erwerber auch an einen solchen Beschluss der Eigentümergemeinschaft gebunden. Damit ist er verpflichtet, diesen Fehlbetrag auszugleichen. Er haftet gegenüber der Gemeinschaft auch für diese Restforderung, wenn sie einen Zeitraum betrifft, in dem er noch nicht Eigentümer war. Entscheidend ist in diesem Fall der Zeitpunkt, in dem über die Abrechnung beschlossen wird. Denn die Gemeinschaft kann durch einen Beschluss keinen ausgeschiedenen Wohnungseigentümer, sondern nur den Erwerber binden.

Für **Fehlbeträge vergangener Jahre**, die bereits in vergangenen Jahresabrechnungen festgestellt wurden und die der Voreigentümer nicht beglichen hat, kann der neue Eigentümer nicht haftbar gemacht werden – sofern in der Teilungserklärung bzw. Gemeinschaftsordnung nicht etwas anderes vereinbart und im Grundbuch eingetragen wurde.

▶ Wie sieht es mit Beitragsrückständen aus?

Für Hausgeldrückstände des Voreigentümers haftet der neue Eigentümer grundsätzlich nicht. Denn über diese Beiträge wurde im Wirtschaftsplan nicht nur zu einer Zeit beschlossen, als er noch nicht Eigentümer war, diese Hausgelder waren auch vor dem Eigentumsübergang fällig. Daran ändert auch der Beschluss über die Jahresabrechnung, in der durch die nicht gezahlten Beitragsvorschüsse der Fehlbetrag offenkundig wird, nichts. Zahlt der Erwerber die Hausgeldrückstände für den Voreigentümer, hat er gegen den Verkäufer einen Erstattungsanspruch.

Die Gemeinschaft kann jedoch in der **Teilungserklärung** vereinbaren, dass ein Erwerber auch für Beitragsrückstände haftet. Diese Vereinbarung muss im Grundbuch eingetragen werden, damit sie gegenüber dem Erwerber gilt.

Die Vertragsparteien können im **Kaufvertrag** vereinbaren, dass der Erwerber für rückständige Hausgeldvorschüsse haftet. Damit wird der Verkäufer von eventuellen Verpflichtungen frei, der Erwerber haftet gegenüber der Gemeinschaft. Sind entsprechende Klauseln im Kaufvertrag enthalten, sollten die finanziellen Verhältnisse der Gemeinschaft besonders gründlich geprüft werden.

▶ Und wenn Ausgleichszahlungen für Liquiditätsengpässe beschlossen werden?

Die Gemeinschaft hat die Möglichkeit, Ausgleichszahlungen zu beschließen, um Liquiditätsengpässe – z. B. wegen Hausgeldrückständen – auszugleichen. Ob der neue Eigentümer diese Ausgleichszahlungen leisten muss, entscheidet sich wiederum nur danach, wer im Zeitpunkt der Beschlussfassung im Grundbuch eingetragen war. D. h. auch wenn der neue Eigentümer für nicht geleistete Hausgeldvorschüsse des Voreigentümers nicht haftet, kann er dennoch über diese (anteilig zu leistenden) Sonderumlagen in Anspruch genommen werden.

▶ Wie haftet ein Erwerber für Forderungen Dritter?

Bislang konnten Dritte, also etwa Handwerker oder Lieferanten, jedes Mitglied der Gemeinschaft heranziehen, um **offene Forderungen** gegenüber der Gemeinschaft zu begleichen, denn die Mitglieder der Gemeinschaft hafteten gesamtschuldnerisch. Damit konnte der Gläubiger lediglich solche Miteigentümer heranziehen, die im Zeitpunkt des Entstehens der Forderung, also z. B. der Öllieferung, bereits Eigentümer waren. Der neue Eigentümer haftete gegenüber dem Gläubiger grundsätzlich nicht. Nachdem der BGH nun die Teilrechtsfähigkeit der Wohnungseigentümergemeinschaft anerkannt hat, haftet die Wohnungseigentümergemeinschaft mit ihrem Verwaltungsvermögen. Reicht das Verwaltungsvermögen nicht aus, kann sich der Gläubiger auch weiterhin an jeden Wohnungseigentümer wenden, doch haften die Wohnungseigentümer lediglich in Höhe ihres Miteigentumsanteils. Die gesamtschuldnerische Haftung kommt nur noch dann zum Tragen, wenn sich die Wohnungseigentümer eindeutig zur gesamtschuldnerischen Haftung verpflichtet haben. Nicht geändert hat sich, dass die Eigentümer auch weiterhin nur für Verbindlichkeiten haften, die während ihrer Zugehörigkeit zur Gemeinschaft entstanden sind oder während dieser Zeit fällig geworden sind. Allerdings besteht grundsätzlich eine Nachschusspflicht der Eigentümer, um die Liquidität der Gemeinschaft zu wahren (vgl. S. 156).

Bei **Dauerschuldverhältnissen**, wie beim Verwaltervertrag oder beim Anstellungsvertrag des Hausmeisters, tritt der Erwerber mit dem Zeitpunkt des Eigentumsübergangs anstelle des Veräußerers in den Vertrag ein und ist nicht nur zur Zahlung der vereinbarten Vergütung verpflichtet, sondern haftet auch dafür.

Haftet auch ein Ersteher im Zwangsversteigerungsverfahren?

Die Haftungsregeln im Zwangsversteigerungsverfahren sehen etwas anders aus, als wenn eine Eigentumswohnung durch Kaufvertrag erworben wird. Der Ersteher haftet wie der Käufer nicht für Beitragsrückstände des Voreigentümers, aber anders als der Käufer auch dann nicht, wenn die Gemeinschaft die Haftung für Erwerber wirksam in der Teilungserklärung bzw. Gemeinschaftsordnung vereinbart hat. Eine entsprechende Vereinbarung für Ersteher in der Zwangsversteigerung ist nichtig. Doch wie der Käufer haftet ein Ersteher auch für Nachforderungen aus Jahresabrechnungen, über die erst nach dem Zuschlag entschieden wurde, die damit auch erst nach dem Zuschlag fällig wurden. Doch auch hier gilt, dass nur die Nachforderung betroffen ist, die aus Mehrverbräuchen oder höheren Kosten entstanden ist, jedoch keine Nachforderungen, die auf nicht geleisteten Hausgeldern beruhen. Hat der Voreigentümer das gemeinschaftliche Eigentum beschädigt und hat die Gemeinschaft daraus einen wirksamen und bereits fälligen Anspruch gegen ihn, kann sie diesen Anspruch nicht mehr geltend machen, wenn der neue Eigentümer die Wohnung im Wege der Zwangsversteigerung erworben hat.

Sachverzeichnis

Zahlen = Seiten